잘되는
병원은

마케팅부터
다릅니다

병원 매출을 올려주는 24가지 노하우

잘되는 병원은 마케팅부터 다릅니다

초판 1쇄 인쇄 2020년 11월 2일
초판 1쇄 발행 2020년 11월 6일

지은이 김소영

발행인 백유미 조영석
발행처 (주)라온아시아
주소 서울특별시 서초구 효령로 34길 4, 프린스효령빌딩 5F

등록 2016년 7월 5일 제 2016-000141호
전화 070-7600-8230 **팩스** 070-4754-2473

값 13,800원
ISBN 979-11-90820-90-5 (03320)

※ 라온북은 (주)라온아시아의 퍼스널 브랜드입니다.

병원 매출을 올려주는 24가지 노하우

잘되는 병원은 마케팅부터 다릅니다

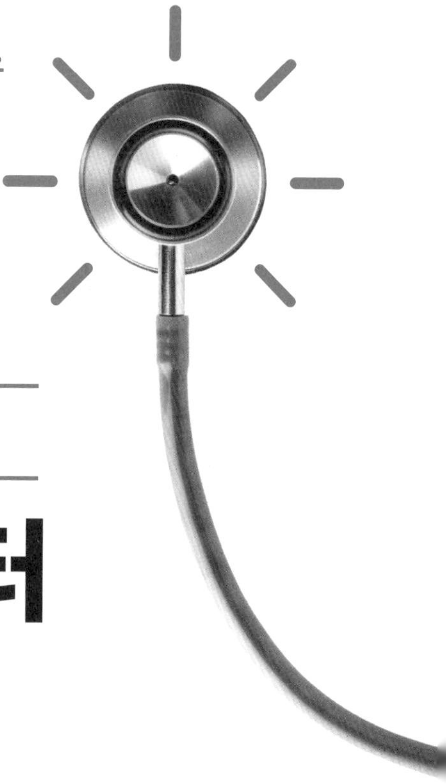

김소영 지음

RAON BOOK

| 프롤로그 |

보이지 않는 경영까지 행복한 병원 만들기

어렸을 때 잔병치레로 배가 아프고 기운이 없을 때면 엄마는 나를 한의원에 데려갔다. 한의사는 따뜻한 손길로 배를 눌러보고 아침에는 무얼 먹었는지, 어제는 배가 안 아팠는지 등을 친근하게 물으며 침을 놔주었다. 또 이걸 먹으면 안 아플 거라며 쓴맛이 나는 알약을 주었는데, 그걸 먹으니 정말 신기하게도 아팠던 배가 싹 나았던 기억이 있다.

청소년기를 지나 성인이 되면서는 건강한 체력을 뽐낼 정도로 병원과 거리가 멀어졌지만 언젠가부터 아픈 사람들을 치료하고 돕는 일에서 보람을 느끼고 싶다는 생각을 가지게 되었다. 대학에서 의학이나 병원과 관련된 전공 공부를 한 것도 아니었지만 그 꿈을 이루기 위해 스물아홉이라는 나이에 그저 마음이 끌리는 대로 겁도 없이 뛰어들어, 한의원에서 업무를 시작하게 되었다.

그렇게 2년 동안 병원코디네이터로서 환자들과 직접 소통하며 의료 서비스와 마케팅 업무를 경험했고 이후 7년이 넘는 시간 동안 19개 난치성 피부질환을 전문으로 하는 네트워크 한의원 본사에서 지점 오픈과 내부 시스템 컨설팅, 마케팅, 병원 콘텐츠 등을 기획해 왔다. 의사처럼 환자들을 직접 치료하는 것은 아니지만 병원을 찾아오는 다양한 고객들을 만나며 꼭 필요한 치료를 소개하고 그들이 건강을 회복해가는 모습을 보는 것이 나의 보람이었다.

병원에서 일하는 직원들의 업무가 단순하거나 단조롭다고 생각하는 사람들도 있겠지만, 병원 업무는 절대로 단순한 영역이 아니다. 병원에서 일하다 보면 매일매일 새로운 사람들을 만나고 접촉하며, 아픈 신체와 연약한 마음까지 두루 살펴야 하기에, 진료실에서 의료 행위를 하는 의사들 못지 않게 여러 가지 노력과 센스가 필요하다. 매일 어떤 일이 발생할지 예측할 수 없는 병원이라는 환경 속에서 구성원인 직원 한 명 한 명의 역할은 때로는 병원의 존폐 여부를 좌우할 만큼 중요하다.

병원의 경영을 위해서는 유행하는 마케팅에 빠르게 대응해야 하고 고객들의 니즈를 파악해 만족시키는 것도 중요하지만, 몸이 아픈 환자에게 항상 측은지심을 가지고 친근하게 대하는 태도가 가장 중요하며, 이것이 기본이 되어야 병원 고객을 위한 진정성 있는 콘텐츠를 만들어갈 수 있다고 생각한다.

내가 한의원 개원 준비를 하면서 가장 보람을 느끼는 것은 오픈한 한의원을 찾은 고객들이 편리하게 진료 상담을 받고 치료를 잘 받는 모습을 볼 때이다. 또 오픈 전 교육을 잘 받은 직원들이 그것을 시스템에 잘 적용하며 몇 년이 지나도록 오래 근무하는 모습을 볼 때도 그렇다. 병원 오픈을 함께한 멤버들이 4년, 5년, 6년이 지나도 환자들을 위해 여전히 열심히 일하는 모습을 보면 왠지 모를 끈끈한 동료애가 느껴진다.

개원 준비를 돕는 것은 해당 병원의 원장님을 돕는 것이기도 하지만 그 결과 고객인 환자들을 만족시키고 직원들이 조금이나마 현장에서 더 빠르게 적응하는 모습을 보면 나 역시 내 일에 성취감을 느끼게 된다.

나는 그동안 병원에서 일하고 싶다는 열정 하나로 달려왔다. 이 책을 통해 그 시간들을 뒤돌아보며 내게 부족한 부분이 무엇인지 체크해보고 한편으로는 병원 관계자들이 가장 많이 고민하는 매출과 관련하여 고객들이 우리 병원을 찾아오게 하는 방법, 또 병원을 행복하게 경영하는 방법과 같은 여러 이야기들을 함께 고민하고 공감하며 해결해보고 싶었다.

그동안 직장 생활을 하면서 몸소 느꼈던 경험들을 통해 나는 '도전이 없으면 더 큰 성공도 없다', 그리고 '언젠가 만나게 될 사람은 꼭 만난다'라는 두 가지 생활신조를 가지게 되었다. 도전 정신을 가지고 노력했기에 병원 업무를 시작할 수 있었으며, 그동안 내게 아낌없는 응원과 후원, 격려를 해준 사랑하는 가족과 직장 동료들이 있었기에 나의 소중한 경험을 이 책으로 펴낼 수 있었다. 가족과 동료들께 감사한다.

김소영

| 차 례 |

2장 병원의 매출을 완치시키는 방법

3장 온라인 마케팅 실전

4장 브랜드 이미지를 올리는 직원 관리 노하우

5장 병원의 개원부터 관리까지

1장

고객과 병원을 연결하는 서비스 전략

병원에서 진료만 보는 시대는 지났다

눈에 띄어야 산다?

환자들은 어떤 기준으로 병원을 고르고 찾을까?

몇 년 전만 해도 고객들은 인터넷 검색을 통해 병의원이나 한의원을 찾은 후 홈페이지에서 의료진의 약력, 출신 학교 등을 보고 선택하는 일이 많았다. 의료진이 누구나 알 정도의 좋은 대학 출신이고 치료만 잘한다면, 처방된 약이 잘 듣기만 한다면 환자와 대면하여 진료하는 시간이 2분밖에 안 된다 해도, 차갑고 권위적인 말투로 불친절하게 환자를 대한다 해도, 그래서 불편하고 왠지 주눅드는 마음을 느끼면서도 '의사들은 원래 그렇지'라고 생각하며 그러려니 하는 경우도 많았다.

하지만 과연 요즘 시대에 "원장님이 치료를 잘하신다고 환자들이 와요"라고 말할 수 있는 병원이 얼마나 있을까?

최근에는 환자들이 어떻게 병원을 찾을까? 얼굴에 난 여드름 때문에 거울을 볼 때마다 신경이 쓰여서 병원을 알아본다고 가정해보자. 보통은 먼저 인터넷 검색을 통해 내가 사는 곳이나 직장에서 가까운 지역 또는 검색 결과에서 상위에 노출된 병의원이나 한의원을 클릭하여 홈페이지와 블로그, 카페 등을 둘러보고 그곳에 내원했던 환자들의 실제 후기는 어떤지 등을 알아본다.

이렇게 이제는 환자들이 자신이 가고 싶은 병원을 여러 가지 기준으로 선택하고 미리 알아보고 학습한 뒤 내원하는 경우가 많다. 자신이 돈을 지불할 곳에 대해 실패하지 않는 선택을 하고 싶은 것이다.

우리는 한 끼 식사를 위해서도 매일 공을 들여 검색한다. 성공적으로 맛집을 골라 좋은 식사를 하고 그것이 하루의 행복이 되길 바란다. 상황이 이런데 만일 어느 음식점에 솜씨 좋은 주방장이 있다고 해도 아무것도 하지 않는다면 과연 고객들이 알아서 찾아올 수 있을까?

그렇지 않을 것이다. 음식의 맛도 중요하지만 그 음식점에 대한 스토리와 다양한 장점을 적절하게 홍보하여 알리는 마케팅이 있어야 맛집을 찾는 고객들의 눈길을 끌 수 있고 그래야 그곳을 찾은 손님에게 주방장의 음식 솜씨를 선보일 수 있다.

그런데 음식점이 아니라 우리의 건강과 생명을 맡기는 의료기관이라면? 병원을 선택하는 고객들은 더욱 신중하고 까다로운 기준을 가질 수밖에 없다. 이제는 의료진이 아무리 진료를 잘한다고 해도 그저 진료실에 앉아 진료만 하는 것으로는 알아서 환자들이 그 병원을 찾아오지 않는다는 말이다.

환자별 정보를 제공해주는 것이 마케팅의 시작이다

의사의 가장 큰 역할은 환자를 진료하는 것이다. 대부분의 의료진들은 '환자를 보는 것에만 집중하고 싶다'고 생각하며 상대적으로 진료 외의 항목들, 즉 마케팅이나 환자를 끌기 위한 전략 등에 대해 신경 쓰는 것은 힘들어한다. 또한 온전히 환자를 돌보기 위해서는 진료 외의 문제들이 먼저 해결되어야 할 것이다. 따라서 이를 위해서는 과연 어떻게 해야 적은 비용, 적은 시간을 투자하여 최대한의 고객을 우리 병원으로 내원하게 할 수 있느냐에 전략이 집중되어야 할 것이다.

고객의 의식 수준이 높아지면서 이제는 환자와 보호자 모두에게서 의료기관에 대한 기대치가 높아지고 있다. 좋은 진료는 물론 조금 더 친절하고, 편리하고, 깨끗하고, 더 좋은 서비스를 받을 수 있는 곳을 원하는 것이다. 의료기관들 역시 이러한 고객의 니즈를 무시할 수 없게 되었다.

그러나 의료 서비스에는 눈에 보이지 않고 말로 설명할 수 없는 부분들이 많기 때문에 병원에서 아무리 고객의 니즈를 맞춰주고 성심성의껏 진료를 해도 개별 환자들이 그것을 모두 알기는 힘들다. 고객들 각각은 모두 다른 인격체이며, 사람마다 니즈가 다르기 때문에 고객의 요구가 표준화되기 어려운 탓이다.

따라서 병원의 마케팅에서는 환자들이 눈으로 보고 직접 체험할 수 있도록 환자별로 필요한 정보들을 제공해주는 것이 중요하다. 그리고 이것이 병원의 브랜딩과 여러 마케팅 요소들로 나타나야 한다. 고객의 눈높이에 맞는 인테리어, 분위기, 의료 서비스를 전략적으로 고민하고 만들고 실행해야 한다.

before / after 사진을 십분 활용하라

나는 안면비대칭을 가지고 있어 상담을 받기 위해 성형외과를 찾은 적이 있다. A성형외과에서는 대기실에 안면비대칭의 치료 전후 사진을 책자와 영상으로 계속 노출시키고 있었다.

나는 차례를 기다리며 나와 비슷한 또래, 비슷한 치아와 턱 구조를 가진 사람들의 사진을 유심히 보게 되었고 그렇게 대기실에서 보았던 사진을 바탕으로 상담 시에도 사례들을 자세하게 물어보며 상담을 받을 수 있었다. 덕분에 내가 궁금했던 사항들에 대해서 더 잘 알아볼 수 있었다.

예를 들어 피부질환 환자가 병원을 찾았다고 해보자. 환자들이 가장 궁금해하는 것은 나와 비슷하거나 혹은 더 심한 상태의 다른 환자들이 이 병원에서 치료가 잘 되었는지 또 어떤 의료진에게 얼마 동안 어떤 과정을 통해 치료되었는지 등이다. 그러므로 병원 홈페이지는 물론 병원 내부 인테리어를 통해서 다양한 사례와 치료 전후의 사진들을 많이 접할 수 있다면 환자들은 자신이 선택한 병원에 대해 조금 더 안심할 수 있으며 편안한 상태로 상담을 받을 수 있게 된다.

간혹 어떤 의료진들은 논문, 학술대회, 해외연구발표 자료 등 멋있고 전문적인 부분을 환자에게 어필하려 한다. 하지만 환자는 그런 전문적인 자료들을 자세히 알아보기 어렵고 자신의 치료에 어떻게 도움이 되는 것인지도 알 수 없다. 때로는 그런 복잡한 자료들 때문에 오히려 거리감을 가지게 되는 경우도 있다. 그러므로 이런 자료들은 어떤 환자가 보아도 이해할 수 있도록 쉽게 설명하여 게시하는 것이 좋다.

치료실에도 맞춤 인테리어가 필요하다

치료실도 고객의 관점에서 접근해야 한다. 민감한 부위나 전신에 치료가 이루어지는 진료 과목이라면 특히나 치료실에 신경을 많이 써야 할 것이다.

치료실은 피부관리실이나 치과처럼 오픈되어 있거나 얇은 커튼 하나로 옆 공간이 나누어져 있는 경우가 있다. 하지만 옆사람의 목소리나 치료 내용이 고스란히 들려오는 공간이라면 고객들은 치료를 받는 동안 계속 외부에 노출된 기분을 느낄 것이다. 때로는 치료

받는 내내 줄곧 몸을 가리고 있거나 불안감을 느낄 수도 있다.

따라서 진료과목에 따라 반드시 1인실이 필요한 경우가 있다. 이런 치료실은 환자가 안심할 수 있도록 세팅되어야 하며, 혹시나 치료 도중 불편한 점이 있다면 간호사를 부를 수 있는 호출 벨 등도 마련해야 한다.

상담 내용은 영상과 이미지로 정리한다

병원코디네이터를 할 때 경험한 일이다. 열심히 고객을 상담하고 응대했지만 고작 이틀 뒤에 "저는 처음 듣는 이야기예요!"라고 불평하는 고객을 마주하자 억울한 마음에 힘이 빠졌다. 하지만 시간이 지나고 생각해보니, 아무리 의료진과 상담원이 정확한 정보를 빠짐없이 전달했다고 해도 처음 내원하여 많은 정보들을 한꺼번에 듣고 결정해야 하는 고객은 전혀 다르게 이해하거나 정보를 빠트리고 기억하지 못할 수도 있다는 생각이 들었다.

그렇기 때문에 오늘 처음 내원한 고객에게는 상담을 정리한 내용과 앞으로 꼭 기억해야 할 것들을 이미지나 영상으로 준비해서 안내하는 것이 좋다.

이 외에도 병원이 고객에게 어필하고 마음을 끌어당겨야 하는 요소들은 한두 가지가 아니다.

고객 상담일지			
날짜 / 상담자: 2020년 5월 20일 2시 김소영 실장			
분류: 성인 아토피 / 치료비용 / 상담 난이도 하			
고객명	김진 남,㈔	차트 번호	020172
주소	서울시 동작구 ○○동	연락처	010-****-****
직업	사무직(회계)	방문 경로	인터넷 검색
고객 구분	결제 전 / 1달 / 패키지 / 재진 / vip	결제 방법	**신용카드
상담일지	주요내용	고객분석	
1차 상담 20.05.20.	얼굴 아토피, 최근 얼굴 가려움증 심해짐, 한약치료 처음, 회사 입사 후 스트레스 많은 편 등	관심사항: 치료비용, 취업한 지 얼마 되지 않아 결제비용에 대한 부담–카드 할부로 비용 부담 덜기, 한약 한 팩에 드는 한약 비용 7,000원 어필 등	

상담일지에는 고객의 이름 등 기본 정보뿐 아니라, 구체적인 내원 사유와 고객을 분석한 내용까지 기록해야 한다.

단골 주치의가 되는 길

최근에 뉴스에서 많이 소개되듯이 기술의 발달과 의료기술의 진보에 따라 병원에도 사람 대신 일하는 로봇이 도입되고 있는 상황이다. 환자의 치료에 각종 의료기기를 비롯한 로봇이 반드시 필요한 부분도 있겠지만 환자의 마음을 헤아리고 진심을 담아 케어하며 감동을 주는 일은 절대 로봇에게 빼앗길 수 없는 일이다.

병원은 단순히 병을 치료하는 곳일 수도 있지만 나는 병원이 단순히 치료의 시간을 흘려보내는 공간이 아니라 '아프지 않은 하루, 건강을 채워가는 오늘의 행복한 공간'을 기억하게 하는 곳이라고 생각한다.

단 한 번의 진료로 병을 고치기는 힘들다. 그러므로 좋은 병원은 집처럼 편안하면서 가족처럼 자신을 걱정해주는 사람들이 있는 곳이 아닐까? 그리고 그런 병원이어야 많은 환자들이 단골이 되어 내원하고, 자신의 평생 주치의가 되어줄 것이라고 생각하지 않을까?

환자를 팬덤으로 만들어라

환자를 기억하는 것이 먼저다

그동안 피부질환을 치료하는 한의원에 근무하면서 수많은 환자들과 만났고 그 과정에서 생겼던 에피소드들도 많다. 그중 내가 데스크 코디네이터로 일을 했던 때의 일이다.

오전에는 보통 아이들을 학교나 유치원에 보내고 오는 주부나 오전 시간이 한가한 직장인 또는 대학생들이 한의원을 찾는 경우가 많다. 그런데 언젠가부터 앳되어 보이는 중학생 정도의 학생이 주 2회씩 꼬박꼬박 내원하는 것이었다. 처음에는 나도 모르게 "어? 학교에 안 갔어요? 오늘 학교가 쉬는 날이에요?"라고 물었다. 그 학생은 뚱한 얼굴로 "네……" 하고 대답하더니 치료실로 들어가버렸다. 그런데 나보다 오래 근무한 팀장님이 다가와 어깨를 치면서 작은 목소리로 속삭였다.

"저 학생은 아토피 때문에 학교도 휴학하고 치료받는 중이야. 엄청 예민하니 조심해."

순간 아차 싶었다. 열정에 넘쳐서 나름 라포(rapport)를 형성해보겠다고 친근하게 말을 걸었던 것이 생각지 않게 마음에 상처가 되진 않았을지 걱정되었다. 그래서 그 이후부터는 그 학생에게 실수하지 않도록 조심하며 천천히 다가갔다. 내원 시마다 입었던 옷, 머리 모양, 치료실, 데스크에서 했던 이야기 하나하나를 메모했다가 다음에 내원하면 말을 건넸고 치료실에서 조심스레 치료를 도와주고 공감대를 형성할 수 있도록 이런저런 이야기들을 전했다.

그렇게 한 달 정도 시간이 흐르자 그 학생은 병원을 들어서면 반갑게 나에게 인사를 했고 치료실에서도 내가 치료 마무리를 해주면 좋겠다고 지정해서 부탁하는 등 날 찾게 되었다. 동생과 함께 내원하여 "내가 말한 언니가 저 언니야. 오늘은 동생도 같이 치료 부탁드려요"라며 동생을 소개하기도 했다.

그렇게 언니와 동생이 모두 아토피 때문에 치료를 받았고 그런 과정을 거쳐 시간이 흐른 후에는 학교에도 갈 수 있게 되었다며 자랑을 해왔다. 그때는 나도 정말 기쁘고 뿌듯했고 그 학생의 치료 과정에 조금이라도 도움이 되었다는 생각에 가슴이 벅차올랐던 기억이 있다.

팬덤은 상호작용이다

환자가 직원을 기억하는 것은 그만큼 병원에 익숙해졌다는 뜻이다. 한의원의 막내 직원이었던 나도 “김 선생님이 옆에 있으면 왠지 침 맞는 게 안 무섭더라” 하면서 치료받을 때마다 나를 찾는 환자, 입구에서부터 이름을 불러주고 웃어주는 내 모습이 예쁘다며 소개팅을 주선하는 환자, 병원이 친절하고 좋아서 친구를 데려왔다는 환자들을 보면서 ‘나를 좋아하고 찾아주는 환자들이 있구나, 내가 이곳에 있는 게 정말 뿌듯하구나’ 하는 생각이 들었다. 그리고 환자들이 어느새 병원의 팬덤이 되었다고 느끼기도 했다.

고객들은 내가 항상 미소로 응대하고 옆집 언니나 동생, 때로는 딸같이 친근한 모습으로 편안하게 이야기를 잘 들어주어 고맙다고 했다. 몸이 아파서 한의원을 찾았지만 그 고객들은 몸의 불편함으로 인해 답답한 심정과 걱정스러운 부분들을 격려받고 위로받으며 함께 소통하고 공감했다고 느낀 것이다. 나 역시 나로 인해 환자들이 즐겁게 한의원을 찾고 때로는 다른 환자까지 소개해주는 것에 대해 큰 보람을 느꼈다.

내가 직접 소통하며 느낀 경우뿐만 아니라 병원코디네이터로서 환자 사이에 원장님에 대한 팬덤이 형성되는 모습도 많이 목격했고 그것이 한의원의 매출에 많은 도움이 된다는 것도 경험할 수 있었다. 특히 네트워크 한의원에 있었던 나는 매출이 좋은 지점에는 그 원장님에 대한 팬덤이 존재함을 확실하게 느낄 수 있었다.

개성에 따라 진료 스타일과 팬덤이 달라진다

한의원 원장님들은 하나같이 개성이 남다르다. 성향도 다르지만 진료를 볼 때에도 저마다 특색이 있다. 꼼꼼하고 자상한 타입, 호탕하고 자신감 있는 타입, 무뚝뚝해 보이지만 항상 환자가 하는 이야기를 귀담아 기억하는 타입 등 원장님마다 분명 환자들을 매료시킬 장점과 특징을 가지고 있다.

고향은 서울이지만 부산에서 진료를 보게 된 원장님이 계셨다. 윤 원장님은 사근사근한 말투로 환자들에게 인기가 꽤 많은 편이었다. 서울 말씨를 사용하는 타 지역의 의사가 와서 부산의 환자들에게는 조금 어색할 수도 있었지만 부산 사나이의 느낌과는 또 다른 매력에 오히려 환자들에게 인기가 많았다.

윤 원장님은 항상 환자들에게 "한 주 동안 어떻게 지내셨나요? 불편한 곳은 없었나요? 더 궁금한 점은 없으세요? 약을 잘 챙겨 드셔야 빨리 낫습니다"라고 부드럽고 친절한 말씨로 이야기하셨는데, 여기에 반한 환자들이 남녀노소 할 것 없이 만족스런 진료 후기를 남겨주기도 했다.

그런가 하면 대범하고 유연한 타입의 원장님은 기분이나 기운의 변화가 자주 생기는 환자들, 자신이 어디의 대표라면서 티를 내고 싶어 하는 CEO 등 에너지가 넘치는 환자들에게 특히 어필하는 경우가 많았다. 이런 분들은 웃음소리도 호탕했고 환자들에게 항상 자신감과 확신을 주는 이야기를 자주 해주는 것을 볼 수 있었다. 장기간의 치료에 지친 환자들에게 활력소가 될 수 있는 메시지와 치료에 액션을 더해 환자들을 자연스레 이끌어가는 모습에 많은 환자들이 따르곤 했다.

이런 타입의 원장님들은 바쁜 일상에 쫓기거나 성격이 급한 환자들을 응대할 때도 융통성 있게 직원들에게 예약과 상담을 처리하도록 지시하는 경우가 많았다. 그렇다고 해서 매번 환자들에게 맞춰주기만 하는 것이 아니라, 상황에 맞게 대처하며 때로는 밀당을 해서 유연하게 환자들을 이끄는 장점이 있다.

이와 반대되는 '돌부처' 타입의 원장님은 어린 학생들 또는 소심하거나 조용하고 약간은 예민한 성격의 환자들에게 더 편안함을 주는 경우가 많았다. 또 진료 상담 시에는 많은 말을 하기보다는 환자의 이야기를 귀담아 들어주어 환자들이 매우 편안한 상태에서 진료를 받을 수 있는 장점도 있다. 환자들은 원장님이 본인의 이야기를 경청해주고 묵직하고 신뢰감 있는 목소리로 한마디씩 해줄 때마다 편안함을 많이 느낀다고 말하기도 했다.

이렇게 조용하고 말수가 없는 돌부처 타입의 원장님은 항상 예의 있고 신중한 선비처럼 행동 면에서도 훌륭한 모습으로 직원들에게도 인기가 매우 높은 경우가 많았다.

원장님의 타입에 맞게 홍보 전략을 짜자

병원 마케팅은 병원을 책임지는 대표 원장의 스타일과 성격에 맞게 홍보 및 환자 대응 전략을 짜야 한다. 만일 원장 스스로 자신의 성향과 타입을 잘 모르겠다면 가장 가까이에서 바라보는 가족이나 직원들에게 물어보고 자신의 성향이 장점이 될 수 있도록 부각하여 홍보의 요소로 활용하는 것이 좋다. 의료진의 상담 시에 적용할 수 있는 시그니처 인사, 어휘, 어투, 제스처 외에도 병원 게시물, 영상, 이벤트 등을 통해 고객이 확실히 해당 병원의 특징과 차별성을 느낄 수 있도록 스타일 마케팅 도구들을 적극적으로 준비하여 고객이 팬덤을 형성할 수 있도록 하자.

우리 병원에 내원하는 고객들은 매우 다양할 것이다. 우리 원장님이 과연 그 다양한 고객들 모두의 마음에 들 수 있을까? 그것은 매우 어려운 일이다. 하지만 원장님의 장점에 따른 무기를 장착하고 있다면 많은 환자들에게 다가갈 수 있다. 또 원장님의 성향과 분위기에 따라 간호사나 병원코디네이터들도 원장님이 추구하는 스타일로 뽑게 되는데 그러면 원장님의 스타일을 좋아하는 환자들에게는 치료 과정이나 완치가 된 이후에도 더 쉽게 다른 치료를 추천할 수 있고 환자들로부터 비슷한 성향의 환자를 소개받을 확률도 높아진다.

차분한 원장님과 함께 일하는 직원 중에는 차분하고 꼼꼼하고 나긋나긋한 톤의 목소리를 지닌 직원들이 많고 이벤트를 좋아하고 항상 에너지 넘치는 원장님의 곁에는 밝은 에너지를 뿜어내는 직원들이 함께하는 경우가 많았다.

물론 성향에 상관없이 병원을 찾아오는 고객들 모두에게 최선을 다해 응대하는 것이 맞다. 고객의 외형이나 대화 몇 마디로 짧은 시간 내에 고객의 성향을 판단하는 것은 위험한 일이지만, 어느 정도는 '아, 이 고객은 이런 타입이구나!'라고 센스 있게 캐치하여 고객의 타입에 맞게 응대한다면 고객의 만족도도 커질 수 있다.

고객이 병원을 쇼핑하는 이유

현실과 동떨어진 광고는 안 하는 것이 낫다

나는 평소 TV에 나오는 예쁜 옷이나 액세서리를 보면 인터넷으로 주문을 하고 기다리기보다는 직접 물건을 사러 가는 것을 좋아한다. 조금이라도 빨리 그 물건을 만져보고 가질 수 있을 거라는 설렘과 기대감에서 오는 즐거움 때문이다.

물론 그런 쇼핑이 매번 만족스러운 것만은 아니다. 막상 실물로 접하니 TV에서 본 것과 색상이 다르다거나, 내가 원하는 사이즈가 없어서 며칠을 기다려야 할 때는 실망할 수밖에 없다.

쇼핑과는 다르다고 하더라도, 병원을 찾는 환자들도 어느 정도는 우리 병원에 대한 기대감을 가지고 내원하게 된다. 요즘처럼 병원도 경쟁이 심하고 광고에도 열을 올리는 경우에는 이목을 끌기 위해 과도한 광고 사진과 내용으로 마케팅을 하는 경우도 많다. 광고에서 매우 깨끗해 보였던 대기실이 실제 모습과 너무 차이가 난다거나, 광고와는 달리 치료에 대한 설명이 턱없이 부족하거나 하는 등 광고와 이질감이 느껴질 정도로 다른 상황이 펼쳐져서는 안 된다.

또 친절하고 세심한 의료진이 있다고 했지만, 실제로 병원을 내원해보니 마치 다른 병원에 온 것은 아닐까 싶을 정도로 무뚝뚝한 의료진의 행동에 실망했다면 치료의 만족감도 느끼기 힘들 것이다.

겨울 감기로 힘들어하는 동생과 함께 집 근처의 이비인후과를 검색하여 홈페이지를 본 뒤 함께 방문했던 적이 있었다. 병원의 홈페이지를 봤을 때는 원장님의 인상도 좋았고 병원 내부도 깨끗하며, 좋은 의료기기들도 많아 보였다.

하지만 실제로 병원에 가보니 대기실의 조명은 어둑했고 어지럽게 놓여진 진료도구들이 눈에 띄었다. 직원들에게 명령조로 일을 지시하던 원장님의 어투와 무뚝뚝한 표정의 직원 모습에 결국 인상을 찌푸릴 수밖에 없었다. 원장님은 환자인 동생에게는 그나마 친절하게 설명을 해주었지만, 다시 방문하기에는 선뜻 마음이 내키지 않았던 기억이 있다.

이런 경우에서도 알 수 있지만, 병원은 환자가 가지는 기대감과 실제로 병원에 내원해서 경험하게 될 상황을 일치시킬 수 있도록 노력해야 한다. 환자의 기대감이 무너지는 것은 한순간이며, 이를 회복시키는 데에는 꽤 오랜 시간이 걸리기 때문이다.

정말 사진과 똑같은가요?

막 병원을 개원한 원장님이 계셨다. 새로운 건물에 모든 인테리어를 새로 하고 들어갔기 때문에 대기실과 진료실, 입원실 모두 깨끗하고 병원 집기들도 모두 새것이었으며 구조와 동선도 훌륭했다. 실내 사진을 찍어 보내온 사진을 보고 나도 기대감을 가지고 직접 방문했는데, 실제로도 너무 깨끗하고 좋아 보였다. 최신 시스템을 반영한 1인 입원실에 침대, 세면대, TV와 컴퓨터까지 모두 완벽히 세팅된 모습은 마치 호텔 같았다.

그렇게 병원 내부를 사진으로 찍어 온라인에도 공개하고 홍보했는데, 입원실 모습을 본 고객들의 문의 전화가 정말 많았다고 한다. 그런데 신기하게도 첫마디가 다들 "정말 사진과 똑같이 되어 있나요?"라는 질문이었다는 것이다. 포토샵으로 깨끗해 보이도록 보정한 건 아닌지, 정말 모든 입원실이 사진처럼 잘 구비된 모습인지 궁금해하더라는 것이다.

사람들은 아무래도 인터넷을 통해 여러 정보를 먼저 접하고 나서 실제로 방문하기 때문에 이런 확인 절차는 비일비재할 것이다. 나도 여름휴가를 위해 깨끗하고 좋아 보이는 펜션이나 호텔을 예약했다가 낭패를 본 적이 있다. 실제로 방문해보니 인터넷으로 보았던 것처럼 방이 그리 넓지도 않았고 가구들도 깨끗하지 않아 불편했던 것이다.

'어? 이 사진 사기네, 사기!'

많은 사람들이 한두 번쯤 이런 경험을 겪었을 것이다. 병원은 펜션이나 호텔과는 달리 한 번의 내원으로 끝나는 것이 아니라 지속적으로 다니게 될 경우가 많으므로, 많은 이들이 더욱 신중하게 선택하게 된다. 그러므로 실제와 동떨어진 과대 광고는 절대 금물이다.

환자의 고민은 끝이 없다

나는 반려견과 함께 8년째 살고 있다. 지금까지 건강하게 행복한 일상을 함께 누리고 있지만, 가끔씩 반려견이 이유를 알 수 없이 몸을 덜덜 떨거나 노란색 토를 할 때가 있다. 그럴 때는 말 못하는 동물이기에 어디가 아픈지 직접 대답을 듣거나 확인할 수가 없으니 너무 답답하다.

이렇게 반려견에게 문제가 생기면 관련된 온라인 카페를 찾아 사진을 올리고 증상을 적어 문의하기도 한다. 그러면 10분도 되지 않아 많은 사람들이 답글을 달아준다. 그 글을 읽으며 의사는 아니지만 오래 동물을 키워온 고수들의 댓글 하나하나에 안심했다가, 불안했다가를 반복하게 된다.

얼마 전에는 내 반려견이 망막을 다친 적이 있었다. 자주 다니는 병원에서는 사람처럼 불편한 눈에 안대를 대고 눈을 감고 있으면 더 빨리 나을 수 있지만, 개들은 안대를 착용할 수 없으니 한쪽 눈을 감고 있을 수 있도록 수술을 하는 방법을 설명해주었다. 설명을 자세하게 잘 해주어서 머릿속으로는 이해를 했지만, 한편으로는 무서웠고 정말 이 방법이 확실한 건가 하는 의심도 들었다. 그래서 결국 다른 병원을 한 군데 더 들러 다시 상담을 받았다. 진단과 치료법을 확인하고 싶었기 때문이다. 두 번째 동물병원에서는 잠시 경과를 지켜본 후 결정하자고 계획을 세워주었고 역시 치료 방법에 대한 설명을 들을 수 있었다.

병원을 찾아오는 대부분의 환자들도 이처럼 병원을 선택하기 전에 여러 가지 고민을 하게 된다. "A병원과 B병원의 진단명이 다른데 왜 그런 거죠? 확실히 알려줄 수 있나요?", "A병원에서는 절대 한약을 먹지 말라고 하는데, 정말 그래야 하나요?" 등 수많은 질문과 의심이 환자들을 어렵게 한다.

치료비용, 집과의 거리, 치료율 등도 문제지만, 질병과 증상으로 고통스러운 환자들은 상담 내용에 일관성이 없으면 매우 혼란스러워하며 의심하게 될 수밖에 없기 때문이다. 환자의 고민은 끝이 없다.

따뜻한 한마디가 치료보다 우선이다

피부질환 환자들이 많이 모여 있는 온라인 카페의 게시판을 보면 정말 이건 아닌데, 하는 생각이 들 정도로 잘못된 민간요법을 맹신하며 서로 권하고 따라 하는 경우가 있다. 또 매우 괜찮은 병원으로 소문난 곳이었는데 한 간호사의 행동으로 한순간 부정적 인식이 확산되어, 직접 경험하지 못한 사람들에게 좋지 않은 병원이라는 낙인이 찍히는 경우도 볼 수 있다. 또 한 번도 보지 못한 사람들이지만 같은 질환을 겪고 있는 사람들끼리 온라인 공간에 모여 서로 따뜻한 말 한마디에 고맙다, 감사하다, 꼭 이겨내길 바란다며 위로하고 위안받는 모습을 보면 때로는 안쓰러운 생각이 들기도 한다. 환자들끼리 온라인이라는 공간에서 경험을 공유하며 서로 격려하는 것이다.

질병에 시달리는 환자들의 마음은 약해질 수밖에 없다. 그러므로 병원을 찾아오는 환자들에게 감성적인 따뜻한 위로의 한마디를 건넬 수 있다면 좋겠다. 그와 함께 환자의 이야기를 경청하고 한편으로는 전문적인 모습으로 환자들이 오해하고 있는 부분에 대해서는 바로잡을 수 있도록 하자. 어려움을 겪는 부분에 있어서는 함께 방법을 찾을 수 있도록 노력하고 병원마다 치료에 대한 계획은 조금씩 다를 수 있다는 것도 알려주어야 한다. 그래서 환자에게 가장 잘 맞는 치료를 찾고 치료 과정을 잘 이해하여 선택할 수 있도록 믿음을 줄 수 있어야 한다.

고객이 병원을 쇼핑하는 이유를 읽어내자

남녀 사이의 연애 과정을 보면 처음에는 어색하지만 서로 잘해주고 맞춰주려는 노력이 눈에 보인다. 그 정도로 열심히 상대방에게 집중하고 배려하지만, 시간이 지나면서 점차 익숙해지고 편안해지면 오히려 느슨해지는 모습도 보이게 된다.

병원도 처음 내원하는 환자들에게는 정성과 신경을 매우 많이 쓴다. 하지만 이미 다니고 있는 환자들에게는 시간이 지날수록 다소 소홀해지는 경우도 없지 않은 것 같다.

수많은 고객을 응대하고 서비스하는 병원의 입장에서는 고객들 각각의 첫 모습을 기억하지 못하는 경우도 많다. 하지만 환자들은 그렇지 않다. 어떤 환자는 병원에 처음 내원해서 만난 내 머리색까지 기억할 정도였다.

병원에서 고객을 처음처럼 신경 써주지 않는다면 환자들은 바로 알아차린다. 아무리 그렇지 않다고 어필해도 이미 마음에 상처를 입은 환자는 섭섭함에 다른 곳으로 이동할 채비를 하기도 한다. 다른 곳으로 가면 또 처음처럼 서비스를 받을 수 있다는 것을 알기 때문일 것이다. 그러므로 고객이 병원을 쇼핑하듯 옮겨 다닌다고 탓할 것이 아니라, 그 이유를 읽어내는 것이 중요하다.

고객들은 이 병원과 다른 병원을 비교하고 분석한다. 물론 좋은 진료를 받기 위해 비교하는 것은 당연한 일이므로, 고객과 상담을 할 때는 다른 병원으로 갈까 봐 안절부절하는 모습을 보이기보다는 충분히 비교하고 선택할 수 있도록 자신감을 나타내는 멘트와 함께 적절한 치료계획서와 친절한 안내를 하는 것이 좋다.

그렇다면 처음 병원을 찾은 환자가 아니라 이미 다니고 있던 재진 환자들이 다른 곳으로 가려는 이유는 무엇일까?

더 좋은 병원을 찾았거나, 더 친절하고 좋은 곳을 추천받았거나 등 여러 가지 이유가 있을 수 있겠지만, 어떤 경우에라도 어렵게 발걸음하고 선택해준 것을 기억하고 감사해야 한다. 특히나 몇 개월씩 다녀야 하는 난치성 질환 환자라면 지금 눈에 보이는 질병의 치료뿐만 아니라 우리 병원이 평생 건강을 관리하는 주치의가 된다는 마음으로 환자와 그 가족들에게까지 좀 더 삶의 윤택함을 줄 수 있도록 환자의 입장에서 마케팅 계획을 세우도록 추천한다.

환자들이 다시 찾을 수 있는 병원이 되도록 관리하는 방법을 연구하자.

고객의 대기시간에도 주의를 기울여라

대기실과 진료실의 상황을 공유하자

병원에서 근무한 지 4개월 정도 지났을 때의 일이다. 대기실에는 환자들이 넘쳐나는데, 원장님의 진료가 하염없이 길어졌다. 애써 예약 시간을 맞춰 온 환자들은 대기시간이 길어지자 여기저기서 불만을 쏟아내기 시작했다. 얼마나 더 기다려야 하냐며 너도나도 재촉하는데, 정작 대기실의 상황을 원장실로 전달하지 못한 탓에 두 곳에 혼란을 야기했던 기억이 있다.

대부분의 환자가 예약제로 내원하는 병원도 있고 특별한 예약 없이도 잘 돌아가는 병원도 있을 것이다. 내가 근무했던 곳은 대부분 예약제로 운영되어서 알맞게 예약상황을 배분했음에도 불구하고 예약 없이 환자들이 몰려들게 되니, 어떻게 응대해야 할지 몰라 미숙했던 것이다. 우왕좌왕하면서 당황했을 뿐, 상황을 개선시키지 못했던 신입 시절의 일이다.

실제로 원장님들이 대기실의 상황을 잘 알기는 어렵다. 주로 병원에서 사용하는 메신저를 통해 직원들이 알려주는 정보로 환자들의 대기 상태를 알 수밖에 없다. 경험이 많은 원장님은 환자들의 예약 시간을 세심하게 계획해 진료하지만, 때로는 대기실에 환자들이 많아서 앉을 공간도 없어 서성거리는 모습을 보고도 대수롭지 않게 생각하는 원장님도 있다.

대기시간의 컴플레인을 원장님이 직접 받는 경우는 거의 없을 것이다. 대부분 데스크 직원들이 감당해야 할 일이다. 그러나 대기실과 진료실은 무슨 일이 있어도 늘 서로 상황을 공유해야 한다. 대기시간이 중요한 이유는 단순히 직원들이 스트레스를 받기 때문만은 아니다. 고객의 입장에서 생각한다면 답은 금방 나온다. 병원에서 진료 순서를 오래 기다리거나, 내 가족이 아픈데 이유도 모른 채 하염없이 기다려본 경험이 있다다면 금방 이해할 수 있을 것이다.

고객의 대기시간은 곧 병원의 홍보 시간이다

이런 대기시간을 이용해 마케팅을 하면 어떨까 하는 의견도 있을 수 있다. 예를 들어 원장님은 직원들에게 "병원에서 대기실은 서로 비슷한 질환의 고민을 가지고 해결하기 위해 모이는 중요한 곳이자, 기대감을 갖는 공간이라고 생각합니다. 대기했던 환자들이 한 명씩 치료를 끝내고 나오면서 밝게 원장과 인사하고 직원들의 안내 서비스를 받으며 기분 좋게 집으로 돌아가는 모습을 다른 환자들에게 보이는 것도 나쁘지 않은 것 같아요! 밖에서 메시지를 주면 최대한 진료시간을 조정할 테니 데스크에서도 응대를 잘 해주세요"라고 이야기할 수 있다. 충분히 가능한 일이며, 실제로 좋은 분위기를 홍보할 수 있는 시간이지만, 중요한 것은 직원과 공유된 상태에서 진행되어야 한다는 점이다. 원장님의 의도와 직원들의 해석 능력이 같지 않을 수도 있기 때문이다.

몇 년 전만 해도 환자들은 대기실에 구비된 TV를 보거나 비치된 책자를 뒤적이며 기다리곤 하는 것이 일반적이었다. 하지만 최근에는 어떤가? 아이부터 어른까지 모두들 스마트폰을 보고 있는 것이 대부분이다. 그래서 대기시간이 생각보다 길어져도 괜찮을 것이라고 생각할 수도 있다. 하지만 스마트폰에 집중하고 있다고 해서 환자들이 느긋하게 대기시간을 보낼 것이라고 생각하면 안 된다. 환자의 예약시간은 병원과 환자의 약속이기도 하기 때문이다. 만일 시간이 많이 지체된다면 고객은 계속 불안하고 초초해질 수밖에 없다. 병원의 입장에서는 환자의 대기시간이 길어질 경우 어떤 이유로 늦어지고 있는지 등에 대해서 반드시 설명하고 안내해야 한다.

내가 근무했던 곳은 특히 예약시간을 중요하게 생각하는 곳이었다. 그래서 예약 환자들에게 예약 시간보다 더 기다려야 하는 경우가 생기면 반드시 지연되는 이유를 말해주도록 교육했다. 또 안내를 할 때도 "치료가 길어지네요, 많이 기다리셔야 할 것 같습니다"보다는, "앞에 들어간 환자가 ~한 이유로 상담과 치료가 조금 더 진행되어, 평소보다 10분 정도 더 걸리고 있습니다. 죄송합니다. 앞으로 얼마나 걸리는지 다시 확인하고 말씀드리겠습니다"와 같이 구체적으로 고객이 납득할 수 있도록 이야기하는 것이다. 그러면 환자들도 다른 환자의 상황에 대해 공감하며 조금 더 편안하게 기다릴 수 있다.

또한 대기시간을 안내만 하는 것으로 그치지 않고 가능하면 환자와 대면하는 시간을 갖도록 노력하는 것이 좋다. 물론 직원들은 의사가 아니기 때문에 기다리는 것에 대해 양해를 구하는 말 이외에 환자에게 해줄 수 있는 것이 많지는 않다. 하지만 환자와 직접 마주하며 기다림과 불편함을 조금 더 이해하고 달래주려고 노력해야 한다. 그리고 원장님을 비롯한 의료진도 이러한 직원들의 노력들을 감안하여, 오랜 시간 기다린 환자에 대해서는 의료진이 꼭 다시 한 번 언급해주는 것도 필요하다. 직원들의 친절한 한마디도 중요하지만, 환자들이 의료진으로부터 충분한 인정과 대접을 받고 제대로 치료를 받고 간다고 느끼게 하는 것이 중요하다.

대기실과 상담실의 인테리어는 어떻게 할까?

요즘에는 대기실에서 다들 스마트폰만 본다고 했지만, 그렇다고 해서 대기실에 아무것도 없는 것보다는 다른 볼거리들이 있는 것이 좋다. 스마트폰 충전을 위한 충전기와 안내문구를 구비하는 것도 좋다. 충전기를 비치했더니 없어지는 일이 있어서 놓지 않는다는 이야기를 들었는데, 그럴 때는 충전기를 관리하고 있다는 표시, 즉 바코드 표식이나 넘버링 등이 적힌 스티커를 붙여두는 것도 방법이다. 사람들은 누군가 지켜보고 있다고 생각하면 무리한 행동을 쉽게 할 수 없다.

대기실의 모니터에는 보통 일반적인 TV 프로그램이나 해당 병원 원장님의 인터뷰 영상, 병원 소개 등이 방영된다. 병원의 성격에 따라 알맞은 내용으로 채우면 좋을 것이다. 아이들이 많이 내원하는 병원이라면 만화 채널을 틀어놓을 수도 있다. 병원 홍보 영상만 계속 틀어놓는 것보다는 환자들에게 도움이 되는 정보를 담을 수 있다면 더욱 좋을 것이다.

병원에서 상담실은 매우 중요한 공간이다. 환자가 알아야 할 건강정보 및 치료 결정 전에 고지해야 할 각종 안내사항을 전달하거나, 치료에 대한 상담을 하는 곳이기 때문이다. 진료실에서 원장님에게 물어봐야 할 질문을 놓치고 나중에 상담실에서 이야기하는 환자들도 많다. 의사가 있는 진료실보다는 상담실을 좀 더 편안하게 생각하는 경우도 있기 때문이다. 따라서 환자를 조금 더 배려할 수 있고 상담에 집중할 수 있는 환경을 조성하는 것이 필요하다.

만약 300만 원 정도의 피부 미백 프로그램을 결정하고 상담하는 곳의 책상에 배달 젓가락이 꽂혀 있고 개인 화장품이 널려 있거나 창고처럼 조명이 어두침침하다면 쉽게 결제가 이뤄질 수 있을까?

원활한 상담을 위해서는 환자의 질환에 따라 적절한 프로그램과 정보가 준비되어 있고 환자가 확인하고 싶은 정확한 정보를 얻고 궁금증을 해소하며 기분 좋게 결제할 수 있는 환경이 되어야 한다. 예를 들어 하체 다이어트에 대한 상담을 하는 상황이라면 전문성을 어필할 수 있는 명패, 상패, 프로그램 전후의 결과 사진 등을 적절히 배치하여 환자에게 전문성을 전달하는 것이 좋다. 또 상담실에 놓인 계산기 등의 소품 하나도 조금 더 고급스럽고 좋은 것으로 바꾸는 것도 한 가지 방법이다.

진료 이외의 부분까지 남다른 주치의가 되자

당신만의 1 : 1 주치의

"당신만의 1:1 주치의가 되어드리겠습니다"라는 병원 광고를 접해보았을 것이다. 이제는 평범하게 느껴질 정도로 흔한 문구이기도 하다. 하지만 정말 나만의 주치의가 되어주는 의사를 만나본 사람은 많지 않을 것이다. 그런 병원을 다니는 느낌은 어떨까?

나는 지금은 무척 건강하지만, 세 살부터 일곱 살까지의 어린 시절에는 잔병치레를 많이 했다고 한다. 엄마와 그때부터 다닌 동네 한의원이 있는데, 2020년인 지금까지도 그 자리에 그대로 있다. 병원 일을 하고부터는 자주 가지 못했지만, 20대 중반까지도 배가 아프거나 감기에 걸리면 자주 찾았던 곳이다. 한의사 선생님도 그대로지만 직원분도 꽤 오랫동안 근무하셔서 익숙하게 안부를 묻곤 한다.

내가 그곳을 찾는 이유는 두 가지다. 하나는 새로운 병원보다는 나를 잘 알고 있다는 믿음과 익숙함, 편안함 때문이다. 내가 따로 이야기하지 않아도 "오늘도 5시에 학원 차 타니? 몇 시에 나가면 될 것 같아?"라고 묻는 등 일상에 대해서도 잘 알고 배려해주는 것이다. 물론 동네에서 오래 운영한 곳이라면 그럴 수 있다고 생각하겠지만, 요즘은 그렇지 않은 곳도 많다.

두 번째 이유는 원장님이 나의 주치의라는 느낌 때문이다. 어렸을 때부터 다녔기에 원장님은 나의 체질과 성장에 대해서도 지켜봐왔고 내 몸의 상태와 변화에 대해서도 누구보다 잘 알고 있다. 그래서 부모님도, 조부모님도 모두 이곳이 우리 가족의 주치의가 있는 병원이라고 생각하고 있다.

그렇다면 남다른 주치의의 특징은 무엇일까?

남다른 주치의의 조건

기본적으로 병원은 몸과 마음을 고치고 치료하는 곳이다. 환자로서는 자신이 잘 모르는 영역이기에 의료진에게 의지하게 되고 마음도 약해지기 쉽다. 따라서 병을 잘 알고 치료하는 것도 중요하지만 환자가 필요로 하는 것이 무엇인지 세심하게 관찰하고 필요한 부분을 찾아낼 수 있어야 한다.

이제는 병원도 진료만 잘한다고 해서 선택받기는 어려운 시대이므로, 의사도 환자에게 남다른 주치의가 되고자 많은 노력을 기울인다. 물론 사람들의 생활 패턴과 개인 성향이 다양한 요즘에는 이전과 같은 접근 방식이 맞지 않다고 느끼는 사람도 있다. 의료인이라 해도 나의 생활에 대해 깊숙이 알고 있는 것이 불편하다고 생각하는 것이다.

그러나 의료진과 환자는 파트너일 수밖에 없다. 병을 치료하는 것은 의료진이지만 고객인 환자 역시 그 병을 고치려고 함께 노력해야 하기 때문이다. 환자의 평소 관리와 노력 없이는 치료의 효과가 나타나기 힘들다. 장기적인 치료가 필요한 질환의 경우에는 더 말할 것도 없다.

때로는 "내가 이렇게 집에서 관리해야 되면 뭐하러 병원에 와서 돈을 주고 치료를 받겠어요?"라며 치료에 대한 책임을 전적으로 병원에 돌리며 으름장을 놓는 환자들도 있다. 이런 환자는 병원의 입장에서도 어렵지만, 원장님이 대화를 통해 방법을 찾을 수밖에 없다.

"오늘은 진물이 얼마나 났나요? 진물 때문에 요즘같이 더운 여름에는 옷을 착용하는 것도 힘드실 거예요. 이번에는 진물을 말리는 약을 처방할 거예요, 약을 드시면서 경과를 함께 알아보겠습니다. 다음 주 내원 전까지 진물 때문에 몇 번이나 거즈를 바꿨는지 알려주세요. 체크할 수 있으시겠죠? 핸드폰 메모장에 적거나 사진을 찍어서 변화되는 모습을 보고 다음 치료를 진행하겠습니다."

원장님의 이런 대화법은 환자에게 쉽게 증상에 대해 설명할 뿐 아니라 치료 과정의 개념을 잡아주고 환자와 병원이 함께 협동해야 할 파트너라고 느끼게 해준다. 공감을 통해 고객이 의료진을 신뢰하고 치료 과정에 몰입할 수 있도록 하자. 마치 함께 작전을 짜듯 치료 과정을 진행하는 사이라면 무조건 전문적인 의학용어로 설명을 늘어놓거나, "약만 잘 드시면 됩니다"라고 단순하게 대응하는 것과는 큰 차이가 있지 않을까?

진정한 공감 vs 과잉진료

미용실에 가면 이런 경우가 있다. 나는 분명 염색만 하러 왔는데, "머릿결이 많이 상했네요. 염색할 때는 영양제를 함께 써주면 머리 색도 오래 유지되고 머릿결이 상하지 않습니다"와 같은 말에 "아, 네. 그럼 영양제도 같이 해주세요"라고 추가 선택을 하게 되는 것이다. 그런데 대개 그것으로 끝나지 않는다. 영양제도 가격대가 천차만별이고 종류가 무척 많다. 헤어디자이너는 내가 생각한 비용보다 더 비싼 것을 추천하는데, 이왕 하는데 비싸고 좋은 걸 해야 할지, 가격 부담에 싼 것을 고르면 어떻게 보일지 등, 염색 하나에도 온갖 잡다한 고민에 빠지게 된다. 그러다 찜찜하지만 결국 최소 가격의 프로그램을 선택하고 나면, 왠지 머리를 하는 내내 마음이 불편하고 서비스도 조금 덜 받는 느낌이 들기도 한다.

병원을 방문하는 환자들도 비슷한 느낌을 받을 수 있다. 환자에게 좋다는 것을 똑같이 추천하는데도 때로는 과잉진료라는 느낌이 들 수도 있고 의사가 정말로 나를 챙겨준다는 느낌이 들 수도 있기 때문이다. 그 차이는 무엇일까?

내가 경험한 인상 깊은 사례가 있다. 아토피로 한의원에 내원한 가족이 있었다. 부모 중 어머님이 어렸을 때 아토피 피부염으로 고생을 한 이력이 있었는데, 태어난 아이까지 아토피가 있다 보니 진료실에 들어올 때부터 부모의 얼굴에는 근심이 가득했다.

"다 제 탓이에요. 제 체질을 아이가 닮는 바람에……."

아이 엄마는 심한 죄책감까지 느끼는 듯했다.

"아니, 그러실 필요 없습니다. 요즘 아토피는 너무 흔한 피부 증상이에요."

원장님은 항상 가족들이 함께하는 자리에서 이들을 위로했고 치료된 성공사례들을 이야기하며 가족들 모두가 힘든 상황에서 잘하고 있다고 격려해주셨다. 그리고 원장님은 아이 부모님을 따로 상담실에서 상담했다.

"저도 아이가 있습니다. 아이가 아플 때마다 대신 아프고 싶은 심정을 저도 충분히 압니다. 하지만 엄마 아빠가 힘내셔야 아이가 강해질 수 있습니다. 지금도 엄마가 슬퍼하는 모습에 아이가 눈치를 조금씩 보는 것 같아요."

"맞아요, 선생님! 치료를 받으면서 분명 아플 법도 한데 안 아프다고 하고 집에서도 제가 우는 모습을 보였더니 '엄마, 여기도 약 발라주세요. 저 잘하죠?'라며 저를 위로해주어서 마음이 더 아파요."

"더 많이 신경 쓰고 빨리 치료될 수 있도록 해드릴게요, 그리고 특히 아버님이 힘이 많이 되어주셔야 합니다. 아버님 어머님이 서로 수고했고 사랑한다는 이야기도 자주 해주세요."

친근하고 다정한 원장님의 말에 아이 아버지는 쑥스러운 듯 "네, 선생님" 하고 대답했고 아이 엄마의 표정도 이내 밝아졌다.

원장님은 문진을 하며 여러 가지 상황들을 조합해보고 아토피 증상뿐 아니라 아이의 심리 상태, 아이의 성장 문제 등 부모님이 갖고 있는 걱정들을 먼저 살펴 이야기했다. 그리고 같은 부모로서 아이를 돌보느라 고생하는 부모의 마음에 공감해주는 등 진정성 있는 의료진의 모습을 보여주었다. 결국 관건은 이처럼 진정성 있는 조언과 설명이 아닐까?

우리 가족을 감동시킨 병원

우리 아버지는 8년 전 뇌경색으로 쓰러진 이후 지금까지 병원에 계신다. 그 과정에서 상급병원의 응급실부터 중환자실, 여러 요양병원과 재활센터 등 지겹도록 많은 병원을 옮겨다녀야 했다. 중간에 건강이 좋아지셔서 한동안 집에서 생활하며 재활치료를 한 적도 있지만, 그 이후 대부분의 시간을 병원에서 보내다 보니 가족들 모두 몸과 마음이 지치게 되었다.

그 과정에서 내가 주목한 것은 유명한 상급병원의 시스템이었다. 상급병원은 장비도 많았고 제대로 관리되고 있다는 현황을 보여주는 각종 체크리스트가 있었고 게시판이나 엘리베이터 등에는 언론에 소개된 각종 기사와 홍보들로 가득 차 있었다.

큰 병원에는 보통 고객 동행 서비스가 있다. 첫 방문 시에 고객과 동행하면서 검사 절차와 위치 등을 안내해주는 서비스이다. 처음 일반병실에서 간호를 하는 우리 가족에게 당시 병원을 함께 둘러보며 병원 투어를 시켜준 간호사가 기억에 남는다. 그 간호사는 우리가 처음에 무슨 용도인지 몰랐던, 복도와 화장실에 설치된 철봉처럼 생긴 도구의 사용법을 차근히 알려주었고 보호자를 위한 식사준비실의 공동 사용 물품과 주의사항에 대해서도 상세히 알려주었다. 그리고 가족들이 자리를 비웠거나 새벽 시간에도 환자 회진과 담당 간호사를 관리하는 체크리스트가 있다며 걱정하지 말라고 안심시켜주었다.

간병인을 고민하는 문제에 대해서도 간호사께서 "다른 가족들도 계속 가족이 간병을 도맡을 수 없으니, 다들 간병인 분들의 도움을 받으십니다. 너무 마음 쓰지 마세요"라며 불편했던 가족들의 마음을 살펴주었고 좋은 간병인을 추천하고 연결해주기도 했다. 말로만 "걱정하지 마세요, 좋아질 겁니다"라고 하는 것이 아니라, 병원 곳곳을 직접 안내하고 구체적인 방안을 제시하며 도와주었기에, 가족들의 불안감을 많이 감소시켜주었던 것이다. 그렇게 친절하게 병원 시스템을 설명해준 간호사 덕분에 우리 가족은 힘들었던 초기 병원 생활에서 많은 위안을 받을 수 있었고 정말 감사했다.

병원의 모든 간호사들이 이런 감동 서비스를 하는 것인지, 우리 가족이 운 좋게 좋은 간호사 선생님을 만난 건지 당시엔 확인할 수 없었지만, 결론적으로 그분 덕분에 병원에 대한 이미지도 좋아졌고 환자의 불편을 해결해주려는 병원이라는 생각도 굳히게 되었다. 당연히 그 병원에 대한 전반적인 만족도도 높아졌다.

이런 상담과 서비스에 감동하지 않을 환자는 없을 것이다. 이런 세심한 서비스는 실제 병원의 매출을 높이는 데도 크게 기여할 뿐 아니라 의사와 병원 본연의 임무를 환자와 가족들에게 재확인시켜 줄 수 있다.

고객이 궁금해하는 정보를 공개하자

좋은 것은 눈으로 볼 수 있게 만들자

지금은 "이건 좋은 거예요!"라고 말하기보다는 그것이 얼마나 좋은지 직접 눈으로 볼 수 있도록 만들어주는 것이 중요한 시대이다. "우리 병원은 환자와 직원들이 친근하고 편한 분위기를 가지고 있습니다"라고 말로 설명하는 것보다, 대기실에서 직원과 환자가 같이 찍은 사진이나 환자가 직원들에게 맛있는 간식을 챙겨주는 사진 한 장을 보면 정말로 분위기가 좋다는 것을 느낄 수 있기 때문이다.

네트워크 한의원을 담당하고 있던 나는 지점에 블로그 포스팅 방법을 이야기할 때마다 이웃과 소통하며 정보를 교류하는 블로그의 본질을 잊지 말아야 하며, 환자들이 읽고 싶어 하는 내용을 담아야 한다고 강조한다. 광고색이 짙은 페이지도 필요하겠지만, 고객들이 보기에 우리 병원의 장점과 분위기를 미리 파악할 수 있는 포스팅을 해달라고 말이다.

병원 블로그에 올릴 내용이 마땅치 않다고 하소연하는 직원들도 있지만, 목표만 있다면 얼마든지 가능하다. 올릴 거리가 없다고 이야기하는 직원들을 위해 원장님이 매일 커피 한 잔, 빵 한 봉지씩이라도 사다 준다면 그것이 어느새 이야기가 되고 병원 내의 에피소드가 된다.

고객이 우리 병원의 어떤 점을 궁금해할지, 어떤 치료에 대해 가장 관심이 많은지 등을 생각해보고 고객의 시선과 언어로 풀어낸다면, 환자들은 그런 정보들을 통해 어느새 내원하고 싶은 마음이 들게 될 것이다.

원치 않는 서비스는 환자를 당황시킬 수도 있다

예전에 성형외과에서 근무했을 때, 한 중국 환자분을 케어한 적이 있었다. 중국어 통역에도 실수가 없도록 하느라 나는 내내 긴장하고 집중해야 했다. 당시 환자는 혼자 머리를 감을 수 없는 상황이어서, 내가 머리를 감겨주는 케어를 진행하게 되었다. 그 환자에게 상황을 통역하고 샴푸실로 안내하려는데, "내가 왜 여기서 머리를 감아야 하죠?" 하고 다른 사람이 자신의 머리에 손대는 걸 원치 않는다며 거절하는 뜻을 전했다. 그런데 당시에 나는 너무 긴장해서인지 그 뜻을 이해하지 못했고, 혼자 머리를 감을 수 없는 상황에서 도와드리는 서비스라는 이야기만 반복하면서 결국 환자의 머리를 감겼다. 그리고 나중에야 내가 실수를 했다는 것을 깨달았던 것이다.

돌이켜보면 지금 왜 머리를 감아야 하는지, 그것이 꼭 필요한 과정인지를 설명하지 못했다는 생각이 든다. 그때는 내게도 그런 정보가 전달되지 않았기 때문이기도 하다. 어떻게 보면 별일이 아니라고 생각할 수도 있지만, 타국의 병원에서 진료를 받는 그 환자의 입장에서 생각해보면 모든 것이 신경 쓰이고, 긴장되거나 불안했을 것이다.

그때 만약 사진으로 되어 있는 상담자료가 있었으면 얼마나 좋았을까? 직접 보여줄 수 있는 설명 도구가 있었다면 환자에게도 오해가 생기지 않고 나도 충분한 설명을 한 뒤 응대할 수 있었을 텐데, 하고 두고두고 아쉬움이 남았던 기억이다.

적절한 벤치마킹이 필요하다

요즘은 한의원도 특정 질환이나 분야에 특화된 전문 치료를 하는 곳이 많다. 그럴수록 고객은 더 많은 궁금증이 생길 수밖에 없다. 병원에 근무하기 전까지는 나도 피부에 상처가 생기거나 트러블이 생기면 피부과에 가야만 해결되는 줄 알았다. 한의원에서도 피부 치료를 할 수 있는지 상상도 못 했지만, 요즘은 워낙 인터넷 등에 많은 정보들이 공유되기 때문에 많은 고객들이 이런 사정을 잘 알고 그에 맞게 병의원, 한의원을 찾는 편이다.

병원 홍보를 위해서는 먼저 잘 알려진 병원들을 살펴보자. 홈페이지나 블로그, 카페 등을 통해 가장 잘 만들어진 콘텐츠를 계속 관찰하고 환자들의 반응을 살펴보며 벤치마킹 하는 것부터 시작해보자. 그러면 점차 환자가 병원에 궁금해하는 것들이 무엇인지 눈에 보이게 될 것이다. 또 전화 상담을 하거나 병원 내원 시 고객들이 많이 묻는 질문들도 잘 생각해보자. 대부분의 사람들이 궁금해하는 것들을 추려낼 수 있을 것이다. 이런 점들을 감안하고 보완하면 병원의 홍보와 마케팅에 도움이 될 수 있다.

고객들이 궁금해하는 진짜 한의원 이야기를 들려주자

한의원의 진료에 대해서 잠시 검색을 해보면 각종 질문들이 쏟아진다.

"뾰족하고 아픈 침을 맞는데 어떻게 통증이 치료되는 걸까요?"

"침을 맞으면 금방 풀리는 것 같지만, 효과는 그만큼 짧게 지속되는 것 아닐까요?"

"누구는 치료실에서 침을 맞고 10분간 누워 있으라고 하고, 누구는 15분간 누워 있으라고 하는데, 침을 맞고 오래 있을수록 좋은 거 아닌가요?"

"가는 한의원마다 제 체질을 다르게 말하던데, 어느 게 맞는 걸까요?"

그중에서도 한의원에서 환자들이 가장 크게 생각하는 것은 한약 처방에 대한 것이다. 내과, 치과, 피부과 등 병원에서 처방해주는 약에는 처방전이 발행된다. 약국에 가서 약을 받아도 약봉지에는 처방된 알약들의 정보와 주의점이 적혀 있다. 그래서 자신이 먹는 약에 대해 어느 정도 알 수 있고 의심 없이 믿고 먹을 수 있다. 반면에 한의원에서 한약을 지을 때면 고객들은 수많은 고민에 빠진다. 양약은 처방전을 눈으로 볼 수 있지만, 한약의 경우에는 그렇지 않기 때문에 내가 먹는 한약의 재료엔 무엇이 들어가는지 정확히 모르기 때문이다.

이런 경우 한의원에서는 보통 어떻게 설명할까? 실제로 하나하나 설명하기 어려우니 그저 몸이 좋아지는 좋은 약재들을 넣은 것이라고만 포괄적으로 얼버무리고 마는 경우도 분명 종종 발생한다. 물론 한의사의 입장에서 일일이 자세하게 설명할 수 없는 이유도 있을 것이다.

한편 고객의 입장에서는 주위에서 손쉽게 구할 수 있고 먹어본 적도 많은 약재들이 친근할 것이다. 한약재에 대한 접근도 쉬운 편이어서, 만일 처방전이 공개된다면 직접 사다가 지어 먹으면 된다고 생각하는 경우도 있다. 하지만 한약에 들어가는 한약재는 제대로 된 품질관리 등 엄격한 기준을 통과한 약재들이다. 환자의 상태에 따라 한약재의 용량과 비율 등 고려해야 할 것도 한두 가지가 아니다. “감기에 좋은 처방전은 A입니다!”라고 정해져 있는 것이 아니라, 현재 환자의 몸 상태와 질환 정도의 차이에 따라 각각 다른 처방이 들어가게 된다. 그렇지만 고객들은 종종 같은 병에는 같은 처방이 적용된다고 단순하게 생각하기도 한다.

물론 고객의 입장에서는 그렇게 생각할 수 있고, 그만큼 단골 질문이 반복되기도 한다. 한의원에 근무하는 직원이 이를 모두 설명하는 것도 쉽지 않다. 따라서 우리는 이런 내용을 한 명 한 명에게 각각 설명하지 않아도 어떻게 환자들에게 한약을 믿고 먹을 수 있도록 할 것인지 고민해야 한다.

한의원에서는 공개할 수 있는 범위에 대해서는 충분히 설명할 수 있도록 노력하고, 이곳의 한약은 정말 깨끗하고 위생적으로 관리되므로 믿고 먹을 수 있겠다는 생각이 들 수 있도록 기획해보자. 직원이나 의료진들이 별 것 아니라고 생각하여 소홀히 하다 보면 많은 것을 놓치게 된다. 평소 환자에게 늘 관심을 가지고 소통하고 공감할 수 있도록 노력하자.

2장

병원의 매출을 완치시키는 방법

매출을 올리는
마케팅

병원도 브랜드 시대

주변 사람들의 SNS 활동을 살펴본 적이 있는가? 내 주위에는 10대인 사촌동생들부터 20대의 후배들, 30대인 친구들이 있고, 40대와 50대의 직장동료가 있다. 이렇게 다양한 연령층의 사람들이 블로그, 밴드, 인스타그램, 페이스북 등을 통해 활발하게 글을 올리는 등 활동하는 모습을 볼 수 있다. SNS 덕분에 직접 만나지 못해도 지인들이 최근에 무엇을 장만하고 어떤 음식점을 다녀왔는지까지 알 수 있게 되었다. 지인들이 '사람들이 모르는 좋은 캠핑 장소', '가성비 좋은 분위기 맛집' 등의 사진과 글을 공유하면 나도 그곳에 가고 싶고 그것을 사고 싶게 되기도 한다.

과연 우리 병원을 다니는 환자들은 SNS를 통해 병원을 방문한 경험을 어떻게 이야기하고 있는지 궁금해져 여러 SNS를 찾아본 적이 있다. 검색된 페이지 중에는 병원에서 받았던 치료, 치료비용, 담당 의사나 간호사가 어떻게 응대를 해주었다는 느낌 등을 상세하게 적어놓은 카페나 블로그도 있었다. 인스타그램 같은 경우에는 사진 이미지 한두 컷과 함께 '아프지 말자', '건강하자'라는 간단한 메시지를 남긴 모습도 볼 수 있었다.

그런데 인스타그램에서 본 병원의 이미지들은 대부분 다른 사람들이 보기에도 깔끔하고 예쁜 인테리어 디자인, 호기심을 줄 수 있는 신기한 장비들이 많았다. 평범한 약봉지, 고전적인 느낌의 한약 파우치가 아니라 눈길을 끄는 병원 명함, 그리고 마치 최신 음료 제품의 파우치처럼 아담하고 귀여운 약 파우치 등이 올라온 것도 볼 수 있었다. 그런 사진 밑에는 "어머, 너 어느 병원 다녀?", "약도 예쁘네", "병원이야, 카페야?"라는 댓글들이 달려 관심을 보이기도 했다.

이런 경우를 보면 SNS가 활성화된 요즈음, 치료의 편리함과 병원의 이미지까지 바꿀 수 있는 명확한 콘셉트와 스토리 등으로 병원의 브랜드를 알릴 수 있다면, 굳이 병원에서 다른 경로로 열심히 마케팅을 하거나 많은 돈을 들여 마케팅 업체를 이용하지 않더라도 고객들이 더 많은 관심을 갖고 직접 병원을 홍보해줄 수 있을 것이다.

원장님이 직원들을 호텔로 데려간 이유

지금까지 나는 7년간 13개의 병원을 오픈하는 것을 지원했다. 그 과정에서 나 스스로도 많이 변한 부분이 있다. 이전과는 달리 일상생활에서 내가 다니는 식당, 미용실, 병원 등 곳곳의 인테리어와 동선, 소품 등에 많은 관심을 가지게 된 것이다. 그곳이 어떤 콘셉트를 어필하는지, 어떤 부분을 내세워 고객의 인상에 남으려 하는지 등을 살펴보고 병원에 적용할 만한 부분은 어떤 것이 있는지도 고민하게 되었다.

병원의 원장님들은 대부분 고객인 환자를 응대하는 모든 직원이 항상 더 좋은 서비스를 하길 요구한다. 물론 좋은 병원을 만들기 위한 고민에서일 것이다. 그런데 내가 지켜본 대부분의 병원코디네이터들은 생각보다 병원을 내원한 고객이 만족하는 서비스가 무엇인지, 다른 곳과 차별화되는 세심한 배려가 무엇인지 그 기준을 잘 모르겠다고 말하는 경우가 많았다. 또 아무리 노력해도 원장님으로부터 칭찬을 듣기 어렵다는 이야기도 있었다. 원장님과 직원들, 환자들 각각 만족에 대한 기준이 각기 다르기 때문이다. 그래서 원장님의 입장에서는 답답하고 직원들은 열심히 환자들을 응대해도 늘 부족하다는 질책을 받게 되니, 그런 상황을 받아들이기 힘들어하는 것이었다.

그런데 한번은 A원장님으로부터 좋은 방법으로 이런 문제를 해결했다는 이야기를 들었다. 이 원장님은 병원의 회식 장소를 호텔로 정하여 직원들이 직접 최고급의 호텔 서비스를 경험하게 했다고 한다. 항상 환자들이 병원에서 호텔처럼 편안하고 질 높은 서비스를 받았다고 느끼길 원했기에, 먼저 그런 서비스를 실제로 직원들에게 체험시켰던 것이다.

이날 직원들은 호텔에서는 입구에서부터 어떤 인사와 제스처를 하는지, 식당의 서비스는 어떤지, 또 호텔 숍에서 최고급 마사지를 받을 때는 어떤 식으로 진행되는지 등을 모두 느껴볼 수 있었다. 그러고 나자 직원들은 자신들이 직접 경험한 것을 중심으로 어떤 서비스가 왜 좋았는지 의견을 나누며, 병원에 벤치마킹해서 적용할 수 있을지 등을 논의하고 아이디어를 교류했다는 것이다. 특히 병원에 내원하는 환자들은 이미 불편한 몸과 마음으로 방문하기 때문에 더 깐깐하게 체크하는 등 직원들은 진지하게 호응하며 의견을 냈다고 한다.

이런 경우에서처럼 병원 서비스에 있어서도 같은 병원뿐만 아니라 유명한 프랜차이즈 음식점이나 카페 체인점, 숙박시설 등 다른 서비스 업종의 경험 등을 벤치마킹할 수 있다.

또한 고객들은 큰 것에만 감동하는 것이 아니라 오히려 사소한 것에 많이 감동한다. 내가 받았던 좋았던 경험을 기억하여 고객에게 경험할 수 있도록 해주면 된다.

여성 고객 중심으로 마케팅을 진행한다

병원을 내원하는 환자 중 남녀의 비율은 비슷할 수 있다. 그러나 마케팅에 있어서는 여성 고객 위주로 진행하는 것이 훨씬 유리하다. 일반적으로 여성이 남성보다 대화를 통한 표출에 더욱 적극적이기 때문이다. 예를 들어 남성은 누군가가 물어보아야 답변하는 경우가 많지만, 여성은 누가 물어보지 않아도 다른 이들과 공유하고 공감하며 이야기하는 경우가 훨씬 많다. 그러므로 병원의 다양한 의료 서비스들을 직접 눈으로 보고 확인할 수 있도록 만드는 것도 필요하다. 고객들은 이러한 장치들로 인해 병원에 대한 믿음을 가질 수 있게 된다.

병원의 서비스를 고객에게 가장 잘 드러내 보여주는 것이 SNS 마케팅이다. 아무리 진료를 잘하고 친절한 병원이라도 요즘같이 경쟁이 치열하고 각종 정보와 광고가 난무하는 시대에 마케팅을 하지 않을 수는 없는 노릇이다. 그런데 진료를 보는 의료진이나 환자를 응대하는 직원들이 직접 마케팅 도구를 만들고 상황에 맞게 환경을 개선하는 것은 현실적으로 쉽지 않다.

실제로 진료나 고객 응대 서비스 외에 블로그 작성이나 SNS 등 마케팅 업무가 직원들에게 부과되고 이러한 부담과 스트레스가 퇴사의 원인이 되는 경우도 많이 있었다. 물론 가장 고객 가까이에 있는 직원들이 직접 기획 업무에 참여하는 것은 큰 의미를 갖는다. 그리고 이것이 고객에게 필요한 부분을 개선하고 병원의 발전에 영향을 주며 효율성을 높인다고 생각할 수 있다. 그렇다면 직원들의 업무 분담을 살짝 나눠보는 것은 어떨까?

마케팅 전담 실무자를 두자

최근 병원들은 내부에 마케팅 업무를 도울 수 있는 직원을 따로 두는 경우가 많다. 개인 병원에도 마케팅 전담 실무자가 많이 상주하며, 특히나 네트워크 병원인 경우 지역별·지점별로 필요한 마케팅 소스가 다양할 수 있기 때문이다. 병원의 사정에 따라 일하는 시간을 조율하여 일반직원과 똑같이 근무하거나 혹은 시간제 아르바이트생을 활용하는 경우도 있다.

우리 지점에서 필요한 사진을 찍고 이미지를 만들고 영상을 찍고 편집하는 등 마케팅 전담 실무자가 있으면 병원의 모습을 생생하고 빠르게, 효율적으로 처리할 수 있는 마케팅 업무가 진행될 수 있으므로 특히 원장님들의 만족도가 높다. 직원들이 각자 고객 응대와 본인의 현장 직무 및 역할에 더 집중할 수 있다는 것도 장점이다.

한편 마케팅 업무에 관심을 가진 직원이 있거나 능력 있는 직원이 있다면 그 직원에게 교육의 기회를 주고 시간을 배분해서 마케팅 업무를 맡기는 것도 방법이다. 환자들이 몰릴 때는 현장에서 응대하고, 한가한 시간을 정해 마케팅 업무를 할 수 있도록 깔끔하게 나눠준다면 내부에서도 해결이 가능하다.

초진에 대한 집중력을 높인다

초진 환자들의 특징

내가 병원코디네이터로 일할 때의 일이다. 하루에 6~7명씩 초진 환자가 상담을 하고 가서 정신이 쏙 빠졌던 경우가 생각난다. 병원의 규모에 따라서는 이것이 적은 숫자일 수도 있겠지만, 매일 이 정도의 초진 환자가 내원하는 병원이라면 나쁘지 않다고 할 수 있다.

초진 환자들을 살펴보면 대부분 처음 내원하는 병원에 대한 기대감과 설렘도 보이지만 긴장감과 걱정스러운 표정, 행동을 많이 느낄 수 있다. 나 역시 초진 환자의 중요성은 귀에 못이 박이도록 들어서 잘 알고 있던 터라, 초진 환자가 대기실에 있으면 신경이 곤두서곤 했다.

초진 환자들은 병원을 처음 방문해서 직원과 나누는 첫인사부터 그 병원이 좋은지 아닌지를 판단하게 된다. 계속 그 병원을 다니며 의료 프로그램을 선택하여 결제를 할지 안 할지 등의 결정도 첫인상에 크게 좌우되는 경우가 많다.

많은 고객들이 병원 서비스 응대를 받을 때 중요하게 보는 첫 번째는 '알아주는 것'이다. 즉 '나를 관심 있게 보고 있는가?', '나에게 밝게 인사하는가?' 등이다. 그것이 충족되고 나면 비로소 왜 이곳에서 약을 먹어야 하는지, 치료를 해야 하는지 타당한 이유를 찾는 것이었다. 만족스럽고 합리적인 결정을 위해 집중하는 요소들은 의료진의 진료 내용이 될 수도 있고 직원들의 친절한 설명과 서비스, 혹은 예상 비용과 조건 등이다. 처음 병원을 내원하는 환자들은 이곳저곳 공간을 살피기도 하고, 다른 환자들이 직원들과 어떤 이야기를 하는지 귀 기울이기도 하며, 치료실에서 나오는 환자들의 표정까지 살피는 경우도 있다. 그 병원에 대해 여러 가지를 살피고 고민하여 판단하고자 하기 때문이다.

초진 환자가 중요한 이유와 내원 경로

병원에서 초진 환자가 중요한 이유는 쉽게 짐작할 수 있을 것이다. 초진 환자가 꾸준하게 있어야 초진 환자들이 재진 환자가 되고, 환자의 수가 안정적으로 늘어나 병원 운영과 매출에 도움이 되기 때문이다. 오픈의 영향으로 초기에만 초진 환자가 반짝 존재할 것인가, 아니면 꾸준하게 병원을 소문내고 홍보하여 초진 환자 수를 지속시킬 수 있는가는 매우 중요한 문제이다.

초진 환자가 오는 경로는 다양하다. 오다가다 간판을 보고 불쑥 들어오는 워킹 환자들도 있고, 미리 인터넷 광고를 보고 예약을 하고 오는 경우, 예약 없이 인터넷 정보와 후기들을 보고 내원하는 경우, 지인이나 직원의 소개로 오는 환자 등 각각이다. 최근에는 자신이 방문할 병원을 한 번쯤은 검색하고 홈페이지를 둘러보고 오는 경우도 많다.

초진 환자의 내원 경로를 알면 그중 많은 이들이 집중되는 곳에 마케팅적 요소를 더 쏟으면 홍보가 잘될 것이라고 누구나 생각하지만, 그것은 생각처럼 쉽지 않다. 실제로 내원 환자들에게 우리 병원에 어떻게 오게 되었는지 설문지를 만들어 응답하게 했다. 네이버, 다음, 구글, 블로그, 카페 등 어떤 인터넷 사이트를 통해 오게 되었는지, 간판을 보고 왔거나 병원에서 진행한 광고를 보고 왔는지, 소개를 받았다면 누구에게 소개받았는지 등을 적게 한 것이다.

결과는 어땠을까? 병원에서 중요하다고 생각하는 내원 경로가 고객에게는 절대 중요하지 않았다는 것을 확인했을 뿐이다. 이것저것 많이 봐서 생각이 안 난다고 하는 경우도 많고 어떤 단어로 검색을 했는지도 빈칸으로 남아 있거나, 병원에서 예상하는 범위를 벗어나지 않는 경우가 많았다. 아무런 생각 없이 맨 처음 나온 보기를 고르는 경우도 많았다.

이렇게 내원 경로를 알아내는 것이 쉽지는 않지만, 어떠한 경로로 환자들이 내원하는지는 분명 중요한 일이므로 환자에게 한 번쯤 직접 여쭤보는 것을 추천한다. 내원 첫날이 아니라도 환자와 친해진 뒤 진료실이나 치료실에서 "그런데 어떻게 저희 병원을 처음에 아시게 되었나요? 궁금합니다"라고 물으면 오히려 자연스럽게 이야기해주는 환자들도 많다. 단 질문을 할 때는 마케팅을 위한 의도만 드러낼 것이 아니라, 그만큼 우리 병원을 찾아준 것에 대한 감사와 환자에 대한 관심이 느껴질 수 있도록 하는 것이 좋다.

초진 환자들의 내원율을 높이는 방법

그렇다면 초진 고객의 내원율을 높이는 방법은 어떠한 것들이 있을까? 당연한 이야기지만, 초진 고객이 내원할 수 있는 마케팅을 하는 것이 중요하다. 병원들은 많은 비용과 노력을 들여 온·오프라인 마케팅을 하고 있다. 인터넷 광고는 물론 버스, 지하철, 영화관 광고 등을 통해서도 사람들에게 병원을 인지시킬 수 있겠지만, 지속적으로 많은 돈을 다양한 광고에 투자하기는 어려울 것이다. 그러므로 다양한 채널을 통해 우리 병원, 우리 지역에 맞는 마케팅 계획을 세워야 한다.

가장 기본적인 병원의 홈페이지는 고객들에게 꼭 필요한 정보를 핵심적으로 담아야 한다. 홈페이지가 중요하다고 해서 병원에서 하고 싶은 이야기를 모두 담는다면 오히려 안 좋은 영향을 줄 수도 있다. 무조건 많은 정보를 담은 긴 글이나 병원의 자랑거리들을 늘어놓는 텍스트들보다 더 중요한 것은 요즘의 흐름에 맞춰 모바일로 홈페이지를 보았을 때 빠르게 잘 접속이 되는지, 필요한 정보들을 쉽게 찾아볼 수 있는지 등이다. 무조건 많은 텍스트에 의존하는 것보다 영상이나 이미지로 만들어놓는 것이 필요하다. 또 예약 과정이 쉬워야 한다. 홈페이지 이외에 네이버 예약 서비스를 통해서도 직접 예약할 수 있도록 하는 등 간편하고 쉽게 접근할 수 있어야 한다.

블로그, 카페, SNS 등으로 초진 고객을 늘리기 위해서는 우리 병원의 콘셉트와 브랜딩을 나타낼 수 있는 콘텐츠를 먼저 병원 내부에서 만들어 외부 마케팅 회사에 홍보를 의뢰할 수 있다.

우리 병원에 맞는 마케팅 방법으로 초진 고객을 유인했다면 그 뒤에는 실제로 내원한 초진 고객에 집중해야 한다. 병원 자체적으로 데스크 접수부터 결제까지 모든 과정들이 담겨 있는 고객 응대 매뉴얼도 필요하다. 이런 매뉴얼이 있으면 예약하지 않은 초진 고객이 와도 직원들이 능숙하게 응대할 수 있기 때문이다.

초진 환자의 흐름을 데이터화한다

우리 병원에 오는 초진 환자의 수는 하루에 얼마나 될까? 첫째 주, 둘째 주, 셋째 주, 마지막 주에 내원한 초진 환자의 수는? 또 한 달에 어떤 질환으로 몇 명의 초진 환자가 내원했는지도 알아야 한다. 이런 통계들이 계속 쌓이면 우리 병원의 초진 내원의 흐름을 알 수 있는 중요한 데이터가 된다.

그렇다면 초진 환자를 응대할 때 중요한 몇 가지 사항을 체크해 보자.

첫째, 데스크 접수 때부터 성함을 부르며 환자의 존재를 인식하는 것을 보여주는 것이다. 미리 예약을 하고 온 환자라면 더욱더 자신의 존재를 알아주길 바랄 것이다. 전화 상담으로 예약을 도왔던 직원이 직접 인사하고 접수까지 해준다면 더욱 좋다. 새로운 공간이지만 이미 전화로 내 상황을 전달받았던 사람이 나를 알아준다는 사실은 긴장감도 다소 해소해주며 친근함을 줄 수 있기 때문이다.

둘째, 진료에 필요한 개인정보 작성, 문진표 등을 설명했는지 확인한다. 환자가 대기해야 하는 경우에는 반드시 무엇 때문에 얼마나 대기하게 될지를 미리 살펴 안내해야 한다. 환자가 먼저 "제 순서는 언제예요?", "예약한 시간이 한참 지났는데"라고 말하고 나서 응대한다면 아무리 친절한 설명이라도 이미 고객에게는 핑계처럼 보일 수 있다. 하지만 직원이 미리 환자에게 "000님 앞으로 10분 정도 대기하시면 진료실에 들어가실 거고요, 원장님께서 환자분 몸 상태를 꼼꼼히 살펴주시기 때문에 상담 시간은 20~30분 걸릴 예정입니다. 제가 잠시 후에 다시 안내해 드리겠습니다"라고 설명한다면 고객에 대한 친절한 응대 서비스가 되는 것이다.

셋째, 내원한 초진 고객이 병원에서 나가기 전까지 어떤 순서로 진행될지 예상할 수 있도록 설명해준다. 처음 내원한 초진 고객은 많은 상담내용들을 기억해야 하고, 치료 과정을 선택하고 결제까지

해야 하므로 정신이 없을 것이다. 병원에서 진행될 절차에 대해 설명할 수 있는 간단한 도구를 준비하는 것이 좋다.

넷째, 정리를 깔끔하게 해줄 수 있는 상담도구를 준비한다. 상담실이라면 PPT가 될 수도 있고, 초진 고객에게 직접 나눠줄 인쇄물, 카톡으로 전달할 수 있는 정보와 이미지가 각각 준비되어 있어야 한다. 어딘가 정리되지 않은 것들이 마음에 남아 있다면 병원을 나선 고객은 언제든 마음이 변할 수 있다. 특히 고객의 결정에 가장 큰 부분을 차지하는 병원의 위치, 치료비용, 재발 걱정, 통증 걱정 등에 대해서 최대한 해결책을 제시해주고 상담을 마무리해야 한다.

재진 환자가 늘도록 관리하라

재진 환자란?

초진 환자는 병원에 최초로 내원하여 첫 진료를 받은 환자를 말한다. 그리고 동일병명으로 한 번 이상 진료를 본 환자는 재진 환자라고 부른다. 초진 환자가 재진 환자가 되었다면 그 병원에 어느 정도 만족하고 계속 치료를 이어가려 한다고 예상할 수 있다.

재진 고객들을 관찰해보면 두드러진 특징 몇 가지가 있다. 우선 처음과는 달리 병원에 도착해서부터 표정과 몸짓이 자연스러워진 것을 볼 수 있다. 어느새 병원 직원에게 친근하게 먼저 인사를 건네기도 한다. 방문 횟수가 늘어날수록 재진 환자들은 이제 진료에 대한 이야기 외에도 본인의 사적인 취미생활, 집안 이야기 등 개인적인 이야기를 털어놓으며 의료진과 자연스런 대화를 나누기도 한다.

왜 재진 환자가 중요할까?

병원에 재진 환자가 많다는 것은 일단 우리 병원이 1단계를 통과했다는 뜻과도 같다. 환자로부터 괜찮은 병원이라고 선택받았다는 것이다.

재진 환자들은 본인이 선택한 병원이 만족스러울 경우 주위 사람들에게 소개를 많이 한다. 수많은 마케팅 수단을 건너뛰어 재진 환자의 말 한마디로 병원에 대한 입소문이 나고, 새로운 환자들을 내원시킬 수 있기 때문에 이는 매우 중요하다. 특히나 한의원은 아직도 입소문과 소개가 굉장한 영향력을 끼치는 곳이기도 하다.

주위 사람에게 병원을 추천하는 일은 생각만큼 쉬운 일이 아니다. 누군가를 소개했다는 것은 그 병원에 대한 신뢰와 믿음, 만족감이 생겼다는 것이기 때문이다.

재진 환자가 많은 곳은 코로나19와 같은 사회의 갑작스런 이슈나 천재지변 등에도 병원 경영이 크게 흔들리지 않는다. 초진 환자의 수에 영향을 덜 받기 때문이다. 환자 수가 어느 정도 유지되지만 소개 환자가 없고 재진 환자의 비율이 낮은 병원은 장기적으로 보아 심각하게 미래에 대해 고민해보아야 할 것이다.

그런데 대부분의 병원들에서는 재진 환자에 대한 관심과 대우가 새로운 환자에 비해서 많이 떨어지는 것이 사실이다. 이미 우리 병원에 다니는 사람이기에, 다 잡은 물고기처럼 생각한다는 말이다. 하지만 환자들은 이런 대우를 금세 눈치채게 된다. 내가 받았던 대부분의 컴플레인들도 그것을 증명해준다. 컴플레인의 예를 들면, 병원에 다닌 지 3개월인데 병의 호전도가 더딘 것 같아 의료진과 직원들에게 이야기했는데도 너무 무관심한 거 같다, 뻔한 이야기만 하는 것 같은데 환자에게 관심이 없는 것 아니냐는 등의 이야기였다. 이런 환자는 사실 병의 치료에 시간이 걸린다는 것도 알고, 특별한 것을 바라는 것도 아니다. 다만 병원의 응대 방식에 서운함을 느껴 이야기하는 경우가 많았다.

재진 환자가 중요한 이유는 다른 환자를 소개해주거나 병원 매출에 도움을 준다는 부분도 있지만, 지속적인 관심으로 라포 형성을 잘 해놓고 환자의 치료가 최대한 빠른 경과를 보이도록 노력한다면 진정성 있는 치료성과를 얻을 수 있고, 우리 병원의 훌륭한 성과로서 마케팅 요소로도 충분히 이용할 수 있기 때문이다.

특히 요즘에는 환자들의 리얼 후기를 많이 찾아보는 고객들이 많으므로, 치료 결과가 좋고 병원과의 라포 형성이 좋다면 원장님과의 다정한 사진 한 컷, 진심이 들어간 리얼 후기 등을 남겨주는 소중한 고객이 될 수 있다.

꼼꼼한 메모로 재진을 늘린다

병원에서 세심하고 꼼꼼한 진료로 환자의 아픔을 함께하고자 배려한다면, 환자들은 어떻게든 병원에 도움이 될 수 있도록 메시지를 전한다. 내원 시에 맛있는 간식을 사 온다거나, 본인의 소개로 온 환자가 이 병원에 다니고 있다고 의료진 앞에서 티를 낸다거나 하는 식으로 말이다.

그렇다면 이렇게 중요한 재진 환자를 어떻게 늘릴 수 있을까?

내가 가장 많이 사용했으며 추천하고 싶은 방법은 바로 메모이다. 모든 환자의 특징을 기억하는 데에는 한계가 있다. 환자들의 특징을 기억하기 위해서는 메모가 필요하다. 데스크, 치료실, 의료진이 사용하는 각자의 차트 영역에는 메모란이 있다. 모든 사람들이 공유할 수 있는 곳에 메모를 하는 것이다.

처음에는 쉬운 단계부터 시작한다. 환자분이 내원 시 어떤 옷차림, 어떤 화장, 어떤 액세서리와 느낌을 하고 왔는지 적어보는 것이다.

예를 들어 "4/2_검정색 미키 모자, 반바지 차림, 샤넬 지갑." 이렇게 적은 메모들이 쌓이면 환자의 특징이 잡힌다. 자주 쓰는 모자를 발견하면 "어, 오늘도 예쁜 미키 모자네요! 저도 미키 좋아하는데, ○○○님은 정말 잘 어울리시네요"라고 말을 건네며 환자와 한층 더 깊은 라포를 형성할 수 있다.

한번은 대기실에서 A라는 환자와 간단히 이야기를 나누었다. 그분은 곧 전시회가 있는데 준비할 것이 많아서 잠을 잘 자지 못했고 피곤하다고 말했다. 나는 그 이야기를 곧장 메모란에 적었고 치료실과 의료진이 확인할 수 있도록 이야기를 전했다. 그러자 원장님은 "전시회 준비로 많이 피곤하셨죠?"라며 먼저 환자에게 이야기를 꺼냈고, 치료를 받는 동안만이라도 푹 안정을 취할 수 있도록 침도 추가로 놓았고, 진료실에서 평소보다 10분 더 누워 있을 수 있도록 배려했다. 그날 이 환자는 집으로 돌아가는 순간까지 감사하다는 말을 계속하며, 감동하여 앞으로 더 열심히 치료를 받겠다는 말과 함께 돌아갔다. 메모 한 줄과 말 한마디가 충성 고객을 만들어낸 것이다.

재진 고객이 재진 환자를 만들어낸다

재진 고객이 재진 환자를 만들어낼 수 있다. 이 말은 바로 소개 환자를 이야기하는 것이다. 그런데 막상 지인을 소개해준 소개자에게는 어떤 이득이 있을까? 병원은 나와 같은 환자들을 병원에 소개하면 '나에게도 이득이 있구나!' 하고 느낄 수 있는 장치들을 만들어야 한다.

우선 우리 병원을 충분히 추천할 수 있도록 고객이 생각하는 강점을 여기저기 보이는 곳에 많이 둔다. 병원의 특징을 잘 녹여낸 것이면 된다. 원장님의 치료성과들이 자랑인 곳이라면 대기실 영상에 성공적인 치료 전후 사진을 담아 환자들이 볼 수 있도록 한다. 병원 복도와 화장실 등 고객의 눈이 닿는 곳곳에 신뢰할 수 있는 사진과 상패 등을 배치한다. 친근하고 인간미 넘치는 모습이 담겨 있는 환자들과의 다정한 사진, 직원과 가족들이 함께한 사진도 좋다. 또한 우리 병원의 소개가 담긴 짧은 영상과 지속적으로 관리를 해준다는 느낌을 줄 수 있도록 카톡, 문자 메시지 등으로 정기적인 안내문도 발송한다면 그것을 소지한 환자는 지인들에게 더 쉽게 병원을 추천하게 될 것이다.

소개를 받고 온 환자에게는 적극적으로 환대해주어야 한다. 병원을 찾는 고객들은 모두 자신의 상황에 관심을 가져주길 바란다. 소개로 온 환자들은 더더욱 병원에서 추가적인 혜택이나 서비스를 받을 것이라는 기대감을 갖고 내원한다. 물론 반드시 그런 것 때문에 병원을 결정한 것은 아닐 것이다. 따라서 환자를 마치 가격 할인 때문에 온 사람처럼 대하는 것은 절대 금물이다. 그런 태도로 대하면 소개를 받고 온 환자도 떠나고, 결국 민망함에 소개를 해준 환자까지 떠나거나, 다른 소개는 절대로 하지 않는 등 엄청난 후폭풍을 맞게 될 것이다.

의료진은 환자들에게 우리 병원은 대부분 소개 환자로 이루어져 있어 항상 감사한다는 것을 어필하는 것이 좋다. 그리고 그 감사를 고객이 눈으로 보고 느낄 수 있도록 해야 한다. 소개를 해준 고객, 소개로 온 고객들에게 어떤 제도와 서비스를 해줄 것인지 고민해야 한다. 다른 사람들이 부러워할 수 있어야 하고 소개해준 고객, 소개로 새로 온 고객까지 모두 만족할 수 있는 방법은 무엇일지 회의해 보자.

가치 있는 진료 시스템 전략을 세워라

환자가 기대하는 서비스를 찾아라

병원 매뉴얼을 만들다 보면 똑같은 매뉴얼일지라도 반응이 상반되는 경우를 종종 만나게 된다. "우리 병원은 매뉴얼도 있고 어느 정도 규모도 있고 시스템도 정비되어 있는데, 더 특별한 서비스가 필요할까요?" 이렇게 되묻는 원장님과 "매뉴얼이 있어도 막상 활용되지 못하거나, 매뉴얼이 너무 딱딱해서 서비스도 그렇게 하게 돼요" 라고 불편감을 이야기하는 실장님이 있는 것이다. 이렇게 같은 일터에서 같은 매뉴얼로 일하면서도 각기 다른 반응을 보면서, 서로 시각의 차이와 소통되지 않는 문제점에 답답함을 느낄 때가 많았다.

매뉴얼에 대한 이야기는 후반부에 자세하게 다룰 예정이지만, 매뉴얼은 모든 경우에 맞춘 정답지가 아니다. 고객 역시 만족이라는 경험을 객관화시킬 수 없을 정도로 주관적이기 때문에 매뉴얼에 만족할 수 없다.

마치 영화 속 이야기 같지만 이미 간호 업무를 도와줄 수 있는 의료간호 로봇 목시(Moxi), 사람의 감정을 표현할 수 있는 로봇 페퍼(Pepper) 등이 이미 등장했다. 미래의 병원은 의료 원격화, 자동화와 함께 인공지능을 이용한 의료기술, 너무나 완벽한 매뉴얼을 세팅하고 나온 로봇들이 함께하는 모습일 것이다.

그래서 나는 앞으로 10년, 20년이 흘러도 로봇이 할 수 없는 일, 바로 환자들에게 따뜻한 손길을 건네는 병원의 미래를 그려보고 싶다. 환자의 아픔을 직접 공감해주고 따뜻한 손을 한 번이라도 잡아주고 눈길을 맞춰주며 환자의 마음까지 치료하는 병원의 모습은 로봇이 할 수 없는 우리 인간만의 능력일 것이다. 이는 코로나19가 등장한 지금과 같은 시대에 더욱 필요한 부분이기도 하며, 또한 환자가 기대하는 것 역시 환자에게 필요한 것을 알아차리는 인간적이고 센스 있는 서비스일 것이다.

가치 있는 진료 시스템이란?

가치 있는 진료 시스템이란 이처럼 고객이 원하는 바를 알아차리고 실행하여 고객이 만족할 수 있는 서비스를 제공할 줄 아는 시스템을 의미한다. 이렇게 진료 시스템이 갖춰진다면 직원들도 보람을 느끼고 우리 병원의 서비스가 가치 있다고 생각할 수 있다.

주의 깊게 관심을 가지면 고객이 보내는 신호를 정확히 알아차릴 수 있다. 그리고 고객이 병원에 원하는 것이 무엇인지 파악할 수 있으면, 고객이 만족할 수 있는 서비스를 제공할 수 있다. 그런데 더 나아가 마치 고객에게 딱 맞춰 나온 듯한 프로그램을 제시해준다면 어떨까? 각 고객의 니즈와 요구에 맞추어 적절한 프로그램을 제시해주고 서비스를 제공한다면, 고객은 특별한 1:1 맞춤 응대를 받고 있다고 느낄 것이다.

한 사람을 위한 1 : 1 맞춤 응대 서비스

나는 1:1 맞춤 응대를 직접 느끼기 위해 여러 곳을 모니터링하던 중 비만 관리를 전문적으로 해주는 다이어트 업체에 가본 적이 있다. 모니터링 때문이기도 했지만 평소 하체 비만이 신경 쓰였기에 개인적으로도 진지하게 알아보고 싶은 업체이기도 했다. 그 업체는 연예인들의 성공 사례를 앞세워 적극적으로 마케팅하여 꽤 인기도 많고 인지도도 있는 곳이었다.

처음에는 문진표를 작성하고 필요한 검사들을 진행하며 설명해주고 상담실로 안내했는데, 상담실 모니터에 커다랗게 내 이름이 떠올라 있는 것이 보였다. 정확한 문구는 기억이 나지 않지만 "○○○님의 상담 진행을 맡을 △△△입니다"라는 안내도 씌어 있었다. 그것을 보니 나와의 상담을 위해 준비가 되어 있다는 생각에 벌써 기분이 좋아지는 것을 느꼈다. 차 한잔도 하체의 혈액순환에 좋은 □□차라고 하면서 유리컵에 정성스레 내주었다. 여러 가지 검사를 많이 했기 때문에 그 결과가 궁금했는데, 상담을 맡은 매니저는 결과지를 하나하나 짚어가며 설명해주고 내가 궁금해하는 사항들을 파악하여 답해주며 이 프로그램이 필요한 이유에 대해서도 푹 빠져들게 설명을 이어갔다.

실제로 그곳의 프로그램을 이용하지는 않고 상담만 받았을 뿐이지만, 아직도 주기적으로 관리 문자가 오고 있다. 홍보용의 단체 문자뿐 아니라 나를 상담했던 매니저가 가끔 안부 메시지를 보내주기도 하는데, 그렇게 세심하게 나를 기억해주는 것이 감동적이기도 하여, 언젠간 꼭 가겠다는 마음이 든다.

1:1 맞춤 응대의 기본은 이와 같이 환자의 사소한 부분까지 기억하는 관심이다. 그러므로 정말로 사소한 것들부터 조금씩 연습해보자.

쉬운 예로 병원에서 응대하는 전화 통화를 살펴보자. 고객과 처음 접하게 되는 전화 통화는 정말 병원과 고객이 1:1로 만나는 기회이므로 1:1 맞춤 응대를 할 수 있는 부분이기도 하다. 보통 고객들은 2~3곳의 병원을 저울질하며 상담하는 경우가 많다. 통화 내용을 바탕으로 미리 고객을 파악하고, 내원과 결제 성공률을 높이는 준비를 할 수도 있다. 짧은 시간 내에 전화를 통해 많은 이야기를 하거나 라포를 쌓는다는 것이 쉽지 않지만, 고객이 병원을 선택하는 데 가장 걱정하고 있는 부분을 최대한 파악하는 것이 필요하다.

예를 들어 내원을 고민하는 환자가 가격을 자꾸 되묻거나 걱정스런 어투와 한숨을 짓는다면, 단순히 "그럼 생각해보시고 다시 전화를 주시겠어요?"라고 통화를 마무리할 것이 아니라 환자가 가격에 대한 부담을 지닐 수 있다는 것을 솔직하게 공감해주고, 왜 이러한 비용이 지불되어야 하는지, 그럴 만한 가치가 있는지 등에 대해 친절히 상담하며, 할인이 적용되는 부분을 안내하는 등 걱정을 떨치고 일단 내원할 수 있도록 노력해야 한다.

신속한 응대와 환자 중심의 시스템

결국 가치 있는 진료 시스템의 전략이란 모든 과정 하나하나를 환자 눈높이에 맞추는 것이라고 생각할 수 있다. 병원의 일방적인 입장이 아닌 환자의 입장에서 생각하고 기획하여 병원의 시스템을 꾸리는 것이 필요하다.

직원 교육을 진행하며 직원들과 기억에 남는 실수담을 나눈 적이 있었다.

환자가 오면 간호사는 먼저 환자의 상태를 살피고 질환의 종류와 치료 방법에 따라 환자를 치료실로 모신 후, 윗옷을 미리 들어 올려 원장님이 치료하기 좋게 배를 열어두게 하는 것이 보통이다. 한 직원이 그날도 이렇게 안내하고 나서 옆에서 기타 치료 도구들을 세팅하던 중에 환자가 "선생님이 오시면 그때 옷을 올려도 되나요?"라고 이야기하기에 "아, 추우세요? 네, 그렇게 하세요"라고 답했던 적이 있었다고 한다. 그런데 나중에 알고 보니 환자는 한창 사춘기인 남자 중학생이었고, 여자 간호사 선생님들이 미리 준비시킨 그런 행동들이 불편하게 느껴졌던 것이었다. 원장님이라면 미리 빠른 치료를 위해 동선을 잘 준비했다고 칭찬했을지도 모르지만, 생각해보니 환자 중심의 서비스가 아니라 병원 측에서 편리하게 일하기 위한 매뉴얼이 아닌가 하는 생각이 들었다는 이야기였다. 그래서 그 후 환자들이 더 편안하게 진료를 받을 수 있도록 고민하고 시스템을 수정했다고 했다.

이와 같이 환자가 중심이 되는 시스템을 만드는 것은 어쩌면 많은 상상력이 필요한 일이기도 하다. 특히 나이가 어리거나 이런 사례를 겪어보지 않은 직원들에게는 절대 쉬운 서비스 영역이 아니다.

내가 처음 코디네이터를 할 때 실장님이 알려주신 방법도 기억에 남는다. 그때 선배 실장님께서는 남자 환자가 오면 "김 선생님의 남자친구가 왔다고 상상해보고 응대해보세요"라고 이야기했고, 또 우리 엄마와 비슷한 연배의 환자가 오면 "진짜 엄마가 내원하셨다고 생각하고 초진 상담을 해볼래요?"라고 조언했는데, 실제로 적용해보니 환자의 감정이나 행동에 좀 더 이입할 수 있어 도움이 되었다.

평소 '내가 만약 ○○이라면'과 같이 상상하는 훈련을 통해 임산부가 내원하거나 아이가 있는 가족 단위를 응대할 때, 의사인 환자가 왔을 때, 환자가 비를 맞고 내원했을 때 등 다양한 경우에 적용해 보자. 또 내가 받고 싶은 서비스를 상상하고 감정을 이입하여 직원들끼리 서로 의견을 나누는 방법도 추천하고 싶다.

부서별, 직급별 소통의 재정비

이처럼 환자들을 중심으로 시스템을 재정비하고 서비스를 준비했다 해도, 그것을 고객이 알 수 있도록 전달하는 것이 중요하다. 돈을 들여 인테리어를 바꾸는 등 겉으로 보이는 변화는 오히려 쉬울 수 있지만, 직원들의 서비스가 변화한 것은 쉽게 눈에 띄지 않을 수 있기 때문이다.

내부 직원들끼리의 소통도 매우 중요하다. 데스크, 치료실 등으로 파트가 나눠져 있는 환경에서는 직원들끼리도 서로의 업무를 이해하는 데 시간이 걸리기 마련이다. 서로 이해하고 협력하여 업무가 순조롭게 진행되면 다행이지만, 그렇지 않은 경우 하루종일 마주치지 않는 공간에서 일하며, 소통하지 않고도 하루 일과가 마무리되기도 한다.

잘 꾸려놓은 전략들을 잘 수행하기 위해서는 직원들이 서로의 업무에 대해 관심을 갖고 소통해야 한다. 서로의 업무를 한 달만이라도 바꾸어 경험할 수 있도록 하는 것도 좋은 방법이다. 그럴 수 없는 상황이라면 각자의 업무와 직무에 대해 이야기하고 공유할 회의가 필요하다.

병원의 차별적 메시지를 활용하라

환자와의 에피소드를 스크랩하자

요즘 내가 가장 빠져 있던 프로그램은 바로 〈미스터 트롯〉이다. 이 프로그램에서 TOP 7의 순위를 차지한 가수들 모두가 많은 사랑을 받고 있지만, 유독 상위권의 후보들이 더 사랑을 받는 이유는 출중한 노래 실력은 물론, 대중들의 마음을 더욱 찡하게 만든 그들만의 사연이 있었기 때문이다. 그것이 노래에 얹어져 함께 웃고 우는 감동적인 무대로 다가왔던 것이다.

'트바로티'라는 별명으로 유명한 김호중은 실제로 학생 시절의 이야기가 영화 〈파바로티〉로 만들어져 제작되었고, 지금은 트로트라는 새로운 분야에 도전하여 새로운 이야기를 하나 더 만들어가고 있다. 다른 가수들도 모두 본인의 목소리로 스토리를 만들어가며 많은 사람들에게 사랑받고 있다.

병원도 마찬가지이다. 피부질환을 전문으로 하는 한 병원은 홈페이지, 블로그, 카페 등에 환자들과 마찬가지로 의료진이 직접 겪은 피부질환에 대한 스토리를 실어 홍보했다. 환자들의 마음을 공감하고 치료에 대한 여러 가지 정보를 경험담과 함께 전달한 것이다. 그러자 그것을 본 환자 고객들은 '원장님도 똑같이 이 병을 앓아봤으니 힘들어하는 내 상황을 공감할 수 있겠구나, 잘 맞는 치료법도 알고 있겠지?' 하고 기대감을 가지게 된다. 이곳은 이렇게 환자들과 소통하며 차근차근 고객을 확보하고 있다.

이처럼 병원에 원장님의 인생 스토리가 그대로 담겨 있다면, 같은 경험을 겪은 의료진과 환자들이 친근하게 라포를 형성할 수 있다는 큰 장점이 있다. 만일 직접 겪은 스토리가 없다면 그동안 만나왔던 수많은 환자들의 사례들과 에피소드를 모아 이야기를 기획하는 것도 좋은 방법이다. 이때 마무리는 항상 긍정적이어야 하고, 처음 시작은 갈등과 실패의 요소가 있어야 반전이 있어 고객들의 이목을 끌기에 좋다. 원장님이 한의사가 된 개인적인 스토리, 직원들과의 인연, 환자가 잘 치료된 것, 감사의 표시로 선물을 보내온 이야기도 좋고 불만사항이 있던 부분을 잘 개선해 지인과 가족에게도 주치의가 된 사연도 좋다.

그런데 반드시 치료와 관련된 이야기여야만 할까? 사실 요즘은 다양한 곳에서 동질감과 호기심, 호감을 얻는 경우가 많다. 그러므로 원장님이 의사가 아닌 '사람 ○○○, 아빠 ○○○'로서의 모습을 보여주기도 하고, 취미가 있다면 취미를 통해 고객과 소통하는 식으로 병원을 알리는 것도 나쁘지 않은 방법이 아닐까 싶다. 병원을 브랜딩하거나 원장님 자신을 브랜딩할 수 있는 책, 영상 등 어떤 것도 좋다. 내원하는 환자들에게 좀 더 친근하고 인간적으로 다가갈 수 있다면 충분히 우리 병원을 찾아올 수 있는 조건이 될 것이다.

소통하는 세상, 리뷰를 주목하자

요즘은 음식점을 가거나 물건을 구입하려고 할 때 미리 다른 이들의 후기를 검색하는 사람들이 많다. 후기가 없는 온라인 상점의 물건은 구매를 꺼리거나, 같은 물건도 다른 곳에서 구입하기도 한다. 다른 사람들의 평가에 적극적으로 이입되어 자신의 구매를 결정하는 경우가 많기 때문이다. 병원도 네이버 예약, 다음 지도, SNS 등 여러 채널들을 통해 후기를 살펴볼 수 있다. 그러므로 적극적으로 병원에 대한 리뷰를 모으자. 또 환자들에게 적극적인 홍보를 부탁할 수도 있다. 물론 그러려면 평소 환자와 라포 형성이 잘 되어 있어야 한다.

인간관계는 원래 주는 대로 받는 것이다. 좋은 것을 주면 좋은 것이 되돌아오기 마련이다. 내가 대접받고 싶으면 상대방을 그렇게 대접하라는 말도 있지 않은가? 좋은 리뷰를 많이 받기 위해서는 병원의 시스템과 서비스에 대한 노력이 먼저이지만, 이벤트를 기획하거나 정확한 리뷰 작성의 예시를 통해 리뷰 적는 것을 부담스러워하는 사람들에게도 리뷰를 받을 수 있다.

다음은 병원의 강점과 긍정을 나타낼 수 있는 단어들이다. 아래 단어들을 조합하여 문장을 만들 수 있도록 하고, 그러한 문장의 예시들을 보여주는 방법도 있을 것이다.

인테리어, 깔끔, 모던, 위생, 편안함, 진료 스타일, 치료 자신감, 정확한 진단, 안심 검사, 치료실, 적극적, 온화함, 용기, 책임, 희망, 편안함, 공감, 소통, 직원 유니폼, 친절함, 안내문구, 진료시간

리뷰가 고객에게 끼치는 영향

지인들과 함께하는 모임을 위해 식사 장소와 메뉴를 찾는 중이었다. 모임 장소 근처의 맛집을 검색하여 블로그와 네이버 예약 후기들을 찾아보고 비교했다. 맛도 있고 친절한 서비스로 기분 좋은 저녁 모임이 되길 바라며, 맛과 친절한 서비스에 기준을 두고 그 부분이 담겨 있는 후기를 위주로 살펴보았다. 그렇게 최종 후보로 A식당과 B식당을 골랐는데, 마지막으로 고객의 리뷰가 결정에 큰 영향을 끼쳤다.

B라는 음식점은 방송 출연이 많았던 곳이었지만 후기의 수가 100개 미만이었고, A라는 음식점은 블로그와 네이버 예약 후기가

1,000건이 넘는 것을 볼 수 있었다. 물론 후기를 모두 읽어보지는 못했지만 맛과 서비스가 좋았다는 이야기가 대부분이었기에 결국 A식당으로 모임 장소를 결정했다.

병원의 경우에도 방문자들의 예약자 리뷰와 영수증 리뷰가 존재한다. 네이버 예약 페이지에는 통해 병원을 다녀오고 나서 느낀 점을 간단히 적을 수 있는 리뷰 공간이 존재한다. 예를 들어 피부트러블로 피부과를 찾는다고 가정했을 때 고객이 아래와 같은 리뷰들을 본다면 어떤 생각을 갖고 병원을 내원할까?

★★★★☆ 4.5

굿

- mm**** 2020. 3. 5. 1번째 방문

★★★★★ 5

5년 전부터 진료받았던 병원인데 피부과 원장 선생님께서 정확한 진료를 해주세요. 한마디 한마디 친절하고 세심하십니다.

- 매실** 2020. 4. 23. 11번째 방문

★★☆☆☆ 2

시술 전 상담사와 상담하고 의사는 세팅된 주사기로 시술만 함. 시술 베드에서도 정해진 매뉴얼대로만 기계적으로 질문함. 개개인 얼굴에 적합한 시술인지는……

- jyee** 2020. 5. 22. 1번째 방문

★☆☆☆☆ 1

상담이 진짜 허술해요. 못 미더워서 하려던 거 취소. 누구나 할 수 있는 상담 수준이에요.

- 누구나** 2020. 7. 7. 1번째 방문

실제로 우리 병원에 내원한 고객에게 가볍게 스몰토크를 진행하며 내원 경로를 물었더니 "홈페이지와 예약 리뷰에 좋은 이야기가 많길래 와봤어요"라고 대답하는 분들이 있었다. 또 고객들이 좋은 리뷰를 보고 찾아왔다며 병원에 직접 어필하는 경우도 있다. 그 고객은 자신도 좋은 경험을 기대하고 있다는 것을 내비치는 것이다.

이 외에도 네이버나 다음 카페의 다양한 커뮤니티 공간에서 병원을 이미 경험한 고객들의 후기를 살펴볼 수 있다. 내가 다녀온 병원 후기에 공감해주거나 다른 경험을 했다는 고객들의 댓글, 아니면 또 다른 병원의 이야기를 꺼내며 비교하는 이야기들도 쉽게 볼 수 있다.

사람들의 평가는 모두 주관적이고 상황에 따라 느끼는 것이 다를 수 있다는 것을 머리로는 이해하고 공감한다. 그래도 막상 당사자에게 상황이 닥치면 똑같이 고심하고 다른 사람들의 의견을 참고하게 된다. 긍정적인 댓글이 많은 곳에는 당연히 기대감을 갖고 가보려고 결정하게 되지만, 부정적인 댓글이 있는 곳이라면 의심과 불안한 마음이 생겨 한 번쯤은 주저하게 된다. 좋은 리뷰도 많지만 좋지 않은 평가의 리뷰가 동시에 존재한다면 어떤 부분에 사람들이 불만족을 느끼는지 확인하고, 자신에게도 적용될지 고민한 뒤에 치료를 결정하게 될 것이다.

특히 요즘은 코로나19로 인해 쉽게 외출을 할 수 없는 상황인 만큼, 아파서 병원을 가야 할 때에도 신경이 많이 쓰이게 된다. 그래서 병원들의 위생이나 감염관리, 코로나19 예방행동수칙, 병원 내 고객을 위한 에티켓 등의 내용을 충분히 홍보하고 어필하는 곳에 대한 피드백이 많다. 안전한 병원 환경을 병원에서 이용한 고객들이 직접 다른 고객들에게 홍보하는 내용들도 자주 보인다. 병원이라는 특수성이 있기에 잠시라도 위생과 감염관리가 허술하면 안 되고, 고객들도 더욱 세심하게 관찰하고 있다는 점을 꼭 기억해야 한다. 그렇지 않으면 안전하지 못한 병원으로 이미지가 각인될 수 있다. 요즘 같은 시국에 다음과 같은 리뷰를 한 건이라도 보았다면, 아마 그 병원으로 선뜻 발걸음하기가 쉽지 않을 테니 말이다.

> ★★☆☆☆ **2**
>
> 의사 선생님은 정말 과잉진료 없이 좋으신데 간호사, 물리치료사분들 가운데 마스크 안 쓰고 있는 분이 있었어요. 요즘같이 서로 매우 조심해야 할 시국에 굉장히 불안합니다. 이런 부분은 꼭 좀 지켜주세요.
>
> \- 소녀*** 2020. 5. 28. 1번째 방문

좋은 평판 vs 좋지 않은 평판

아무리 훌륭한 의사가 있는 곳이라도 모든 것이 완벽할 수는 없다. 사람도 누구나 약한 부분이 있기 마련이지만, 자신의 단점에 얽매여 힘들어하는 사람이 있고, 반대로 약점도 있지만 강점을 더 돋보이게 만들어 일하는 데 유리하게 만드는 사람이 있다.

그렇다면 병원은 어떨까?

병원 홈페이지, 블로그, 카페 등 병원 관련 평가가 보이는 곳이라면 좋은 평판이 올라올 수 있도록 잘 관리하고, 그러한 좋은 리뷰와 평판을 홍보수단으로 사용하여 적극적으로 알리는 것이 필요하다. 하지만 병원에 오는 환자들이 많아지면 때로는 좋지 않은 평가도 생기기 마련이다. 그럴 때는 환자의 불만이 무엇인지 빨리 확인하고

피드백하는 것이 중요하다. 평가는 사람들마다 주관적으로 느낄 수 있는 부분이므로 하나하나 과도하게 신경을 쓰기보다는 부족한 부분을 인정하고, 병원의 강점이 되고 있는 좋은 평판들을 잘 관리해서 더 많은 사람들에게 강점이 부각되도록 에너지를 쏟는 것이 좋다.

고객이 조용히 떠나지 않고 불만을 표현하고 있다는 것은 어쩌면 다행스런 일이다. 잘못된 부분이나 불만스러운 부분에 대해 정확한 설명을 듣고, 더 잘하는 병원의 모습을 보고 싶다는 의미이기도 하다. 이런 부분을 잘 헤아려 불만 고객이 말하는 부분을 개선해 가도록 하자.

구체적인 마케팅 콘텐츠를 기획하라

핵심이 되는 치료와 방법을 고객에게 제시한다

나는 2년마다 건강검진을 받았지만 그동안 별 이상소견이 없었기에 건강에 대해서는 자신이 있었다. 그런데 얼마전부터 몸이 좀 이상해서 정밀검진을 해보니 갑상선저하증이라고 했다. 주위에서는 피곤해서 생기는 병이니 쉬라고 했지만 바쁜 일정 탓에 따로 병원을 가지 않았다. 그런데 어느 날 친구가 이렇게 말했다.

"우리 언니가 너와 똑같은 질환이었는데, 병원에 갔더니 심각하면 평생 호르몬 약을 먹어야 하고 임신도 힘들다고 했어! 그런데 다행히 1년 동안 잘 관리해서 지금은 괜찮아졌거든. 혹시 모르니까 빨리 병원에 가보는 게 어때? 언니가 다닌 병원은 ○○○이라는데 좀 더 물어봐줄까?"

나는 이 말을 듣고 정확한 판단을 위해서 그날 바로 병원을 예약했다. 이렇게 친구의 구체적인 이야기가 치료를 결정하는 데 도움이 된 것처럼, 병원을 찾는 환자들 역시 의료진과의 대화에서 확신 있는 이야기를 듣고 싶어 한다.

"지금 팔에 상처가 ○○○로 진행되고 있으니 지금 상태에서는 △△한 치료가 □□일 동안 필요합니다. 상처가 아물고 나면 피부가 회복되는 데 필요한 ○○○치료법을 진행할 텐데, 이 경우에는 이러이러한 조치를 받게 될 겁니다."

이처럼 이 약이 어디에 치료가 도움이 되어 좋고 어떤 효과가 나타나는지 구체적으로 전달하면, 환자들은 치료를 잘 이해하고 구체적인 답변에 만족하며 치료 계획을 더욱 잘 따를 것이다.

물론 병원은 해당 질환에 대한 이해도가 높아 다양한 환자들의 예시를 적절하게 비교해서 이야기할 수 있어야 하며, 환자를 치료할 수 있는 병원만의 치료 방법이 있어야 하는 것이 기본이다. 그래야만 환자들이 병원을 찾을 설득력을 가지게 된다.

사실 주위에 있는 지역 병원을 살펴보면 대부분 사용하는 기계들도 비슷하고, 검진도 비슷하며, 비슷비슷하게 치료하는 것처럼 보이기도 한다. 예를 들어 한의원에서는 대부분 한약과 침으로 치료를 하는데, 옆 건물의 한의원과 비교했을 때 큰 차별성을 찾기 힘들다. 하지만 이 한의원의 한약이 어떤 특징과 장점이 있는지 고객에게 설명할 수 있다면 다른 한의원보다 비용이 비싸더라도 고객은 이곳을 선택하게 될 것이다. 구체적인 콘텐츠를 만들어 마케팅으로 활용하는 것이 중요한 이유가 바로 여기에 있다.

'어려 보이는' 원장님의 신뢰도를 높이자

"어려 보여요!"라는 말을 들으면 누구나 기분 좋아 한다. 관리를 잘했다는 의미로 생각하고 칭찬으로 받아들이는 경우도 많다. 그런데 병원에서 치료하는 원장님에게는 나이가 어리거나 어려 보이는 외모가 불리하게 작용할 수 있다. 첫인상과 풍기는 이미지를 통해 의사에 대한 신뢰감을 가지기도 하기 때문이다.

실제로 한 병원에 새로 부임한 진료 원장님은 나이가 20대 후반으로 아담하고 귀여운 인상이었다. 인상 자체는 매우 좋았지만, 그분은 어려 보이는 외모 때문에 환자들에게 어떻게 하면 신뢰감 있게 어필할 수 있을지 고민이 많았다.

어려 보이는 의료진이 나의 오래된 질환을 치료한다고 생각하면 어떨까? 의료진 자체에 대한 의심은 없다 해도, 환자가 의료진을 선택할 수 있다면 아무래도 경력이 더 많아 보이는 사람에게 마음이 쏠릴 것이다. 당연히 나이가 더 많은 의료진에게 더 많은 경험이 축적되어 있을 것이라고 생각하기 때문이다. 물론 실제 임상 경험 데이터를 살펴보면 반드시 나이와 비례하는 것은 아니지만 말이다.

요즘 가장 핫한 연예인은 아마 〈미스터 트롯〉이라는 프로그램에 출연한 가수들일 것이다. 예전에는 트로트라고 하면 나이 드신 분들이 주로 좋아하는 음악, 나이가 들어야 좋아하게 되는 음악이라고 생각하는 이들이 많았다. 그런데 지금은 10대~70대 이상까지 전 세대가 함께 소통하며 트로트를 즐기고 있는 실정이다. 20대의 젊은 가수들이 나이가 많아야 구성지고 한이 맺힌 트로트의 맛을 낼 것이라고 생각하는 고정관념을 깨고 멋진 정통 트로트를 선보여 인정받았기 때문이다.

미스터 트롯의 주인공들이 트로트라는 한 우물을 깊게 연구하고 노력하여 실력을 성장시켰듯이, 성공적인 치료가 반드시 의료진의 시간과 나이에 비례하는 것은 아니다. 나이가 어려 보이는 의료진이라도 질환에 대한 깊은 이해와 치료에 대한 노력을 통해 충분히 훌륭한 치료 성과를 보이는 경우가 많다. 그러므로 원장님들의 전문분야, 학력과 경력, 해외연수, 학회 참여, 임상사례, 교육내용과 연구논문, 사회활동에 관련된 이야기 등을 콘텐츠로 잘 풀어내 고객들에게 신뢰감 있게 보이도록 해야 한다. 또 이런 부분이 부족하다면 계속 채워나가야 한다. 치료에 대한 신뢰도를 높이는 것이 가장 중요하기 때문이다.

그렇지만 신뢰도를 높이기 위해서 반드시 진료 분야와 관련된 연구나 논문이 필요한 것은 아니다. 환자들이 원장님의 약력사항을 샅샅이 파헤치지는 않는다. 의료와 관련되지 않아도 훌륭한 성품이나 인간적으로 존경심이 들 수 있는 봉사활동, 사회활동 등 신뢰도를 높이는 활동들을 홍보한다면 원장님에 대한 신뢰감을 충분히 전달할 수 있다.

미디어와 직원 교육을 통해 홍보한다

원장 개인의 프로필만이 아니라 외적인 요소를 활용하는 것으로도 신뢰감을 높일 수 있다. 가장 효과가 좋은 방법은 뉴스 기사 같은 언론 보도를 통하는 것이다. 유명 매체가 어렵다면 지역 신문일지라도 병원과 원장님의 기사가 나오도록 유도하고, 이를 고객 대기실에 게시해놓는다.

만약 젊은 원장님이 병원에 새로 들어왔다면 위와 같이 고객에게 마케팅하고 홍보하는 동시에, 병원 직원들도 빠른 시일 내에 새로 온 원장님에 대해 신뢰감과 믿음을 가질 수 있도록 노력하는 것이 필요하다. 예를 들면 원장님이 직원에게 직접 진료과목을 교육하는 시간을 마련해보자. 원장님의 실력과 전문성을 전달하여 직원들이 자신 있게 고객에게 상담하고 추천할 수 있도록 하자.

친숙함으로 승부하고 틀을 깨는 광고가 먹힌다

병원의 브랜드가 중요한 이유는 무엇일까?

사람들은 많이 들어보지 못한 브랜드는 잘 선호하지 않으며, 친숙한 브랜드를 먼저 찾는 특징이 있다. 아마도 평소에 많이 보고 접했기 때문에 친숙하다고 느끼는 것일 텐데, 친숙함이라고 하니 몇 년 전 강남역 지하상가에서 보았던 광고가 생각난다.

당시에 강남역 지하상가에 들어서면 흑백의 순정만화 그림체로 그려진 주인공이 말풍선을 통해 촌스럽지만 재밌는 한마디를 하는 광고가 눈에 띄었다. 이 광고는 지하철을 타도 보이고, 드넓은 강남역의 옥외광고로도 볼 수 있었다. 평소 한의원을 자주 접하지 않았던 젊은 층들에게 호기심과 웃음을 주었고, 한의원이라면 다소 고리타분하다는 선입견을 가졌던 젊은이들에게도 심리적 거리를 많이 줄여준 광고라고 생각했다. 마찬가지로 순정만화 그림체의 캐릭터들이 등장하는 이후의 영화관 광고들도 주목을 받았다.

흑백으로 그려진 다른 인물이 '아토피엔 ○○한의원'이라는 심플한 메시지를 전달하는 광고였는데, 시리즈의 느낌도 있었고 그 다음편을 보았을 때는 '혹시 ○○한의원 아니야?' 하고 광고를 보기 전에도 맞힐 수 있을 정도로 강하게 기억에 남았다.

이 광고는 심플하고 재밌는 형식으로 한의원에 대한 고정관념을 깨주며 많은 사람들의 입에 오르내렸다. 병원의 자랑만 늘어놓는 뻔한 이야기보다 환자들이 쉽게 기억할 수 있는 스토리를 재밌고 흥미로운 광고로 담아 자주 눈에 보이도록 했기에 사람들은 친숙하게 여겼고, 이 시리즈 광고를 재밌어하는 사람들은 먼저 나서서 이 한의원의 브랜드를 이야기했다.

사람들에 따라 호불호는 있을 수 있지만, 당시 유행과도 맞아떨어져 재미있고 기발했던 광고라고 기억한다. 의료기관의 광고로서는 가벼워 보일 수 있다는 편견과 걱정으로 아무도 시도하지 못했던 형식을 담아 완전히 다른 병원과 차별화된 마케팅으로 성공시켰던 것이다.

한의원 광고였지만 원장님이 직접 출연하지도 않았고, 한약 제품을 광고하지도 않았다. 단지 '피부 고민이 있을 때는 이곳으로 오면 해결돼!'라는 메시지를 담았을 뿐이다. 고객의 필요한 부분을 채워주는 소통 마케팅이자 브랜드를 알리는 데 성공한 광고라고 생각한다.

얼마 전 한 예능 프로그램에 난임 부부들에게 입소문이 난, 임신이 잘되는 곳으로 유명하다는 한의원이 나온 적이 있었다. 어느 배우 부부가 임신 계획이 있어 찾아가는 모습이 담겼는데, 5대를 이어가며 130년 동안 한의원을 운영해왔다는 이곳은 새벽 5시에 줄을 서도 50번대의 대기번호를 받는 광경을 보여주었다.

오랜 역사와 그동안의 진료 성공이 이 한의원의 브랜드를 만들었고, 난임이라고 하면 가장 먼저 생각나는 한의원이 되었기에 고객들은 그렇게 긴 시간을 기다리고 비용과 시간을 지불하면서도 그곳을 찾는 것이었다.

고객들의 니즈를 파악하고 분석해야 성공적인 마케팅을 할 수 있다고 이야기한다. 환자들은 전국에 있는 의사들의 실제 실력을 알거나 비교할 수 없다. 결국 환자와의 자연스런 의료 서비스와 대화에서 신뢰를 쌓고, 이를 구체적인 마케팅 요소에 담아 고객을 움직이는 것이 필요하다.

구체적인 마케팅 콘텐츠를 기획하고 병원의 브랜드를 만드는 것은 규모가 큰 병원만 할 수 있는 일이 아니다. 지방에 있거나 작은 병원이라 해도 원장님의 강점을 차별화하거나 제품이나 서비스의 차별화로 충분히 브랜드를 구축하고, 알릴 수 있다. 병원을 브랜드화하는 것을 목표로 삼고 노력하면 분명 가능한 일이다.

| 병원 벤치마킹을 위해 고민해봐야 할 사항 |

- 벤치마킹할 업체를 보고 고객 입장에서 보고 느낀 점은?
- 벤치마킹할 업체가 갖고 있는 고객 가치 경영 포인트는?
- 우리 병원과 비교했을 때 어떤 점이 다른가? (스토리 / 마케팅 / 이미지 등)
- 우리 병원에 적용해볼 수 있는 응용 방법은?
- 생각나는 아이디어는?
- 우리 병원 고객의 어떤 문제를 염두에 두고 만든 것인가?

어떤 콘텐츠를 어떻게 기획해야 할까?

고객의 자리에 서보아야 아이디어도 나온다

기획을 하려면 정보가 있어야 한다. 좋은 정보를 충분히 가지고 있다면 좋은 기획과 콘텐츠가 나올 수 있다. 병원에서 필요한 기획을 하려면 환자에 대한 정보가 있어야 할 것이다. 병원 콘텐츠 기획이라면 "내가 환자라면 어떨까?"라는 생각으로 진짜 고객(환자)이 되어봤을 때 정말 필요한 아이디어를 얻을 수 있다.

병원코디네이터 일을 하면서 환자들의 의견을 듣고 현장을 체감하며 문제점을 해결하는 방안을 바로 적용하고, 다시 환자들의 피드백을 받아 어떤 것이 잘 통했는지, 예상한 것과 어떤 차이가 있었는지를 알 수 있었다. 병원에서의 의미 있는 경험은 환자 자신이 공감할 수 있는 좋은 기획과 콘텐츠와 연결되어 있었다. 고객이 공감할 만한 이야기를 콘텐츠로 풀어내야만 고객도 즐거워하고, 직원들도 받아들이고 이해하여 실천할 수 있다.

나도 처음에는 환자들이 실제로 느끼는 감정이나 문제점을 파악하지 못하고 기획자의 시선으로 병원 게시물과 이벤트를 기획하면서, 소비자가 원하는 니즈를 알아차렸다고 착각했을 때가 있었다. 그러나 이후 병원에서의 경험이 쌓이고 나서야 기획자로서 사무실에만 앉아 짜낸 아이디어는 진짜로 고객이 원하는 것과는 동떨어진 것일 수 있다는 사실을 느꼈다.

직접 고객의 입장이 되어보면 비로소 생생하게 느끼는 것들이 있다. 그러므로 막연한 느낌에만 의지해서 기획하지 않고, 직접 고객의 입장에서 경험해보면 점차 진짜 고객의 목소리를 반영하여 기획에 담을 수 있게 된다.

지금껏 세상에 없던 콘텐츠를 기획하는 것은 어렵다. 경쟁업체와 차별되는 독창적이고 탁월한 콘텐츠를 생각해내는 것은 사실상 쉽지 않다. 그렇다고 포기할 수는 없는 법, 새로운 아이디어가 아니라 해도 이미 나와 있는 좋은 콘텐츠들을 다시 살펴, 놓치고 있던 요소들을 새로이 조합한다면 새로운 가치를 만들어낼 수 있을 것이다.

기획에는 명확한 기준이 있어야 한다

나의 직장 대표님은 항상 "왜 이런 기획이 나온 거죠?"라고 누군가 물어봤을 때 명확한 이유와 기준이 있어야 한다고 강조했다. 예를 들어 병원에 어떤 치료약의 포스터를 걸어두었다고 가정하자. 먼저 그것이 현장에 잘 어울리는지 살펴보아야 한다. 나는 이런 기준에서 이런 주제의 포스터를 제작했지만 실제로 평가하는 동료나 고객들은 다른 의견으로 바라볼 수도 있다. 그럴 때 기획자는 명확한 이유와 기준으로 사람들을 설득할 수 있어야 한다. 환자들이 바라보는 시선과 분위기, 주위 인테리어와 조화를 이루는지 등도 체크하여 기획에 반영해야 한다. 다양한 고객들로부터 언제나 다른 해석이 존재할 수 있으므로, 기획의도에 오해가 생기지 않도록 더욱 신중하게 진행해야 한다.

콘텐츠 구성은 소소한 일상에서부터

병원의 콘텐츠를 제대로 구성하려면 병원이 가장 잘할 수 있고 내세울 수 있는 것을 담아내야 한다. 그러기 위해 먼저 병원에서 일어나는 소소한 일상을 살펴보자.

병원에서 일어나는 일들은 대부분 치료 과정, 치료 후기, 치료비용, 치료기간, 치료효과, 주의사항 등에서 반복되는 경우가 많다. 비슷한 상황에 처했을 때 어떤 문제가 일어날지 예상할 수 있다. 그러므로 이런 부분을 살펴 그중에서 병원의 장점과 특색이 될 만한 이야기를 찾아내어 정리한다. 또 병원에서의 성공적인 치료사례, 병원의 강점 등도 살펴본다. 자잘한 부분도 놓치지 말고 아이디어를 모아 기획하고 실천할 수 있도록 발전시키자.

어떻게 기획의 아이디어를 모을까?

많은 것을 보고 적어도, 막상 기획에는 도움이 되지 못하거나 활용하지 못할 때도 많다. 반대로 마구 모아두었던 사진 속에서 갑자기 새로운 아이디어가 떠올라 기획에 참고하게 되는 경우들도 있으니 천천히 연습하는 습관을 들여보자.

아이디어가 떠오르면 그 아이디어를 구체화시키기 위해 어떤 것들이 필요한지, 이후의 상황을 상상해보는 것도 좋다. 그러다 보면 부족한 부분이 떠오르기도 한다.

앞에서도 이야기했듯 나는 평소에 메모를 즐긴다. 메모 습관은 콘텐츠 기획에도 많은 도움이 된다. 꼭 종이 메모장과 펜이 아니어도 녹음을 하거나 사진을 찍어두는 방법도 있다. 금세 기억할 수 있을 것 같은 쉬운 문장도 1시간만 지나면 그 문장이나 장면의 느낌이 사라진다. 그러므로 기억을 돕는 수단이면 뭐든 좋다. 최대한 생동감 있는 장면들을 기록해보자.

막내 직원으로 늦게 입사한 나는 회의 시간에 남들보다 더 열정적으로 다양한 이벤트 아이디어를 많이 냈다. 그런데 막상 원장님이 “그럼 무엇이 필요할까요?”, “그다음 단계는?”, “환자들의 반응이 ○○○일 때 대책은 있나요?” 하고 물으면 제대로 답변하지 못했던 경험이 있다. 그런데도 위축되지 않고 회의시간에 여러 가지 의견을 즐겁게 발표했는데, 그럴 수 있었던 이유는 첫째, 원장님이 무조건 긍정적으로 웃으면서 리액션을 해주셨고 둘째, 하나씩 일어날 수 있는 가능성들 속에 문제점을 포함시켜 이야기해주셨으며 셋째, 나아가 더 나은 방안을 제시해주셨기 때문이다.

아이디어가 많은 사람들도 다른 사람들의 반응이 두려워 눈치를 보며 자유롭게 발표하지 못하는 경우도 있다. 또 아주 좋은 아이디어를 낸다고 해도 여러 가지 상황과 조건들이 맞지 않아 종종 실행에 옮길 수 없을 때도 있다. 하지만 나중에라도 상황이 달라지면 다시 조율되어 적합한 콘텐츠로 탄생될 수도 있으니, 꾸준히 의견을 내고 이를 축적해둘 필요도 있다.

고객의 욕구를 꺼내고 체험하게 하라

목표 고객에 따라 고객의 니즈를 구현해보고, 내가 만든 콘텐츠가 어떻게 보일지 가늠해보자. 아이들이 많이 다니는 곳에 아무리 웃긴 문장이나 멋진 텍스트로 광고를 한들, 글씨를 읽을 줄 모르는 아이들에게는 통하지 않을 것이다. 고객들은 다양하고, 원하는 것도 제각각이다. 병원이 모든 고객의 입맛에 맞출 수는 없지만, 공감이라는 것 하나만은 중심에 두어야 한다.

"나도 이럴 때 아프니까 서럽더라고."

"병원 오기 무서운 이유가 이런 거였어!"

병원 콘텐츠에서는 환자들의 고민이나 문제점을 파악하고 새로운 대안점이나 용기를 주어 긍정적인 느낌으로 치료를 받고 싶게 하는 욕구를 일깨우는 것이 중요하다. 병원의 온라인 콘텐츠 광고, 메시지가 있다면 오프라인에서도 그와 관련된 활동을 꾸준히 병행하면 시너지가 배가된다.

예를 들어 '소통하는 원장님'이 콘셉트라면 병원을 내원하는 고객들과 어떻게 소통할지 고민하고, 실제로 환자들이 병원의 콘텐츠나 이벤트에 직접 참여할 수 있도록 하면 정말로 깊은 라포를 형성하며 가까워질 수 있다. 이는 환자가 우리 병원을 더욱 가깝게 생각하게 하고, 동시에 병원에서 준비한 기획들에 대한 반응을 엿볼 수 있는 기회가 되므로 더욱 중요하다.

한편 고객의 참여도 중요하지만 우선 함께 일하는 직원들이 참여할 수 있도록 기획하거나, 직원들을 위한 이벤트를 따로 진행해도 좋다. 그러면 직원들이 더욱 적극적으로 고객에게 다가가 설명하고, 참여도 유도할 수 있다.

콘텐츠 기획의 주의사항

열심히 만든 콘텐츠에 대해 고객들의 반응이 전혀 없다면 너무 많은 메시지를 한번에 몰아두지 않았나 생각해보자. 너무 많은 이야기는 가독성이 떨어지고, 호소력도 떨어질 수밖에 없다. 고객의 입장에서 다시 살펴보고 기획을 수정하는 것도 필요하다. 이미지나 텍스트, 색감 등이 주제와 어울리는지, 병원의 느낌을 알 수 있는 콘텐츠인지도 살펴보자.

나도 매번 기획에 성공했던 것은 아니다. 그러나 실패한 기획도 왜 그렇게 되었는지 분석하는 것이 중요하다. 똑같은 실수를 반복하지 않고자 성공한 사례들을 찾아보며 부족한 부분을 채우기 위해 노력하는 중이다.

| 병원 콘텐츠 기획 시 체크리스트 |

- 고객이 사용하는 단어로 쉽게 쓰기
- 결론을 앞부분에 써서 병원이 고객에게 전달하려고 하는 부분을 느끼도록 하기
- 가독성을 높이도록 문단 나누기, 소제목 쓰기, 폰트, 강조 굵기 등도 신경 쓰기

유튜브 채널의 기획과 운영

현재 병원들 사이에서 가장 뜨거운 플랫폼은 유튜브라 생각한다. 최근 가장 눈에 띄게 성장세를 타고 있으며, 고객들의 취향에 맞는 콘텐츠를 제공 중이다. 병원으로선 구독자가 늘어날수록 영상을 조금 더 잘 만들고 싶다는 욕심이 생길 것이다. 다른 경쟁업체와 다르게 더 멋지게 눈길을 끌면서도 정확한 의료정보를 전달해야 하기에, 부담감과 고민은 늘어날 수밖에 없다.

동영상을 기획하고 만드는 직원들도 고민이다. 조회수는 쉽게

오르지 않고, 영상을 보고 찾아오는 고객이 있다는 보장도 없으니, 당장 눈에 보이는 성과를 알기 힘들다. 그렇기 때문에 댓글 하나에도 기획의도를 잃고 흔들리기도 한다. 물론 구독자의 의견을 귀담아 듣고 수용하는 것도 필요하지만, 구독자의 의견 하나하나에 맞추다 보면 병원의 특색과 의도를 잃을 수도 있기 때문에 신중하게 생각하자.

요즘 사람들은 다른 세상에 있는 듯 단지 바라만 보아야 하는 연예인에게는 큰 매력을 느끼지 않는다고 한다. 그보다는 옆집 오빠 같고, 왠지 나랑 한 번쯤은 이야기도 나누면서 사람 대 사람으로 소통하는 연예인의 모습을 더 바란다고 한다. 모든 것이 빠르게 변하고 발전하는 세상에서, 사람들은 인간미 있고 사람 냄새가 나는 대상을 더욱 그리워하는 것은 아닐까?

마찬가지로 친근하게 계속 접할 수 있는 새로운 영상을 규칙적으로 업로드해야 한다. 유튜브 채널의 특성상 꾸준함이 매우 중요하다. 또 정말 필요한 정보를 얻으러 오거나 병원 채널을 주의 깊게 보는, 충성도 높은 구독자들을 모으기 위해서 보다 충실한 내용의 영상을 만들어 올릴 수 있도록 노력하자.

환자들이 피하는 병원의 특징

맹장염을 급체로 오진한 의사

내가 20대 중반쯤 경험했던 일이다. 서울에서 인천으로 가는 버스 안에서 갑자기 배가 너무 아팠다. 평소에 워낙 잘 체하는 편이어서 버스에 타기 전에 샌드위치를 먹은 것이 체했다고 생각했다. 그래서 버스에서 내려 근처 한의원에 들어가, 체한 것 같은데 침을 맞고 싶다고 했다. 의사는 내 이야기만 듣고는 배를 눌러보거나 진맥도 하지 않고 침만 몇 개 놔주고 나가버렸다. 뭔가 찜찜한 기분으로 침을 맞고 집에 돌아왔지만 그 뒤에도 도통 배는 나아질 기미가 안 보였다.

결국 집 근처 내과에서 진찰을 받았는데, 결과는 급성 맹장염이었다. 담당 의사는 빨리 큰 병원에 가서 진료받을 수 있도록 조치해주겠다며 보호자인 엄마에게 차근차근 방법을 이야기해주고, 서류를 챙겨 택시까지 불러주었다. 덕분에 다행히 수술을 잘 마치고 회복했지만, 침만 놔주고 제대로 봐주지 않았던 한의원을 생각하면 어이가 없고 아찔하기까지 하다. 환자의 이야기가 아무리 중요하다고 해도 복통이 심한 상황에서 찾았는데, 정확한 진료를 해주지 않은 것이 아닌가. 하필 내가 방문했던 그날만 발생했던 실수였다면 그나마 다행이겠지만, 당시에도 다시는 가지 말아야겠다는 생각이 들었던 곳이다.

"저 병원이 하는 건 우리도 다 해야지"

병원에 근무하다 보면 막무가내로 다 해봐야 직성이 풀리는 타입의 원장님들도 때때로 겪게 된다.

"경쟁병원과 진료과목이 같은데 우리도 이 검사기구가 없으면 안 되지!"

"우리보다 오픈도 늦게 했는데 치료율이 높다고 기사를 냈네. 우리도 기사 하나 더 내야겠어요."

"우리 병원과 경쟁상대인 ○○○병원이 요즘 △△△을 하고 있던데, 노출이 잘 되더라고요. 우리가 더 검색 우선순위에 오르려면 어떻게 해야 할까요?"

항상 마케팅 현황을 모니터링하고 변화에 대해 민감하게 살피는 것은 경영 면에서 분명 좋은 일이다. 또한 우리 병원의 경쟁상대가 어딘지 정확히 알고, 더 나은 모습으로 고객들에게 서비스하는 것도 중요하다. 하지만 마케팅 경쟁의 과잉으로, 고객보다는 경쟁병원의 상황에 맞추어 병원이 꾸려지는 경우도 종종 보게 된다. 새로 도입한 검진기구가 정말로 꼭 필요한 장비였다면 진작 구매해서 활용하며 장점으로 어필하면 좋았을 텐데, 왜 다른 병원에서 먼저 하니까 부랴부랴 도입하는 것처럼 보일까? 그럴 때면 아쉬우면서도 어쩔 수 없는 일인가 싶은 생각도 든다.

결국 중요한 것은 흔들리지 않는 목표를 가지고 계획성 있게 마케팅하는 것이 아닐까? 그래야만 결국 성공할 수 있다는 것을 잊지 말아야 한다.

'최고, 최초, 최첨단, 전문, 완치, 100% 보장' 등의 단어를 사용해서 고객들에게 단박에 '우리 병원이 제일 잘해!'라고 알리고 싶겠지만, 이러한 단어들은 의료법 위반으로 병원에서 사용할 수 없을뿐더러, 병원의 실력을 명확하게 전달하기도 어렵다. 음식점 간판을 보더라도 '정말 맛있는 집'이라고 씌어 있는 곳보다는 '10년간의 노하우로 24시간 끓인 정통 국밥집'이 왠지 더 맛있고 진국일 것 같은 느낌이 들지 않는가? 이처럼 병원 마케팅에서는 추상적인 단어들보다 숫자를 조합하여 더 명확한 치료 효과를 상상할 수 있도록 만드는 것이 중요하다.

요즘 내 또래들의 SNS를 보면 항상 멋진 곳에서 사진을 찍고, 명품을 갖고 있으며, 다들 돈은 또 어떻게 그렇게들 잘 벌까 싶은 생각이 든다. 나는 왜 이렇게 뒤처졌지 싶어 조바심도 생긴다. 병원에서도 마찬가지이다. 다른 병원에서 하는 광고는 다 좋아 보이고, TV에 나와서 유명 연예인들과 함께하는 원장님들을 보면 우리 병원도 빨리 그렇게 하지 않으면 뒤처지는 것 같고, 모든 환자들이 그 병원만 찾아갈 것 같다는 불안감이 생긴다. 그런 마음으로 기준도 없이 '다른 곳이 하면 우리도 한다!'라고 따라 하는 것은 병원의 본질적인 부분을 어중간하게 흐트러뜨릴 뿐이다. 물론 병원의 브랜드와 방향성을 극대화시킬 수 있는 조건이라면 당연히 시도해봐야겠지만, 막연한 경쟁심만으로 움직여서는 안 된다. 충분히 고민하고 생각해서 움직여야 직원들도 잘 따라올 수 있고, 환자들에게도 정말 도움이 되는 서비스를 제공할 수 있다.

원장님의 센스가 병원을 살린다

눈치 없는 원장님이나 직원이 있는 병원은 점차 사람들이 기피하게 된다. 예를 들어 점심식사 시간이 다 되었는데도 병원이 매우 바쁜 상황이라면, 보통은 직원들이 서로 도와가며 빨리 마무리 짓거나 실장들이 상황을 파악하여 지원해주는 등 조절하는 경우가 대부분이다. 만일 점심시간에도 병원 문을 닫을 수 없다면 직원들은 교대로 순서에 맞춰 식사를 하고 온다. 하지만 이런 일들이 거듭되면서 직원들이 쉬는 시간을 보장받지 못하거나 식사도 제대로 하지 못하게 되면 감정상태가 조금씩 짜증스러워질 수밖에 없다. 점심시간까지 할애해서 환자를 응대했다고 해서 환자 진료가 이루어지는 시간에 쉴 수도 없기 때문이다.

병원 내에서는 이밖에도 직원들의 식사 순서, 퇴근시간에 유니폼을 갈아입는 순서, 환자를 응대하려고 일어서는 횟수, 휴가나 휴일을 정하는 순서 등 어떻게 보면 별것 아니라고 생각되는 사소한 일에서도 종종 감정이 상할 수 있다. 작은 불편함이라도 반복되면 결국 커다란 불만이 될 수밖에 없기 때문이다.

이처럼 직원들 사이에 수시로 발생하는 사소한 문제들은 보통 원장님 귀에까지는 들리지 않는 경우가 많다. 직원들의 생활 모두를 원장님이 일일이 물어보거나 신경 쓰기도 물론 힘들다. 하지만 그저 우리 병원은 다 잘되고 있을 거라는 막연한 믿음으로 방치하는 것은 금물이다. 직원들 사이에 문제가 생기고 냉랭한 기류가 흐르면 병원의 서비스가 제대로 이루어질 리 없다. 이런 분위기는 고객인 환자들도 감지하게 되며, 결국 불편함을 느끼고 병원을 기피하는 원인이 될 수도 있다.

눈치 없는 원장님이 아니라 센스 있는 원장님이 병원을 살릴 수 있다.

환자의 라이프스타일로 습관을 이끌어주자

약을 꾸준히 먹지 않고, 치료가 잘 되지 않는다며 까다롭게 구는 환자들은 병원 직원들을 힘들게 한다. 이럴 때에는 환자의 라이프스타일은 어떤지도 질문해보자.

병원을 찾아오는 고객들은 평범한 회사원, 헤어디자이너, 3교대 간호사, 새벽 장사를 하는 분들, 교사, 주부 등 각자 다양한 삶을 살고 있다. 아픈 사람들의 라이프스타일에 관심을 갖고 질문한다면 평소 생활습관, 건강관리, 치료 과정에 대한 이해도, 약을 챙겨 먹을 수 있는 여유, 병원 내원 횟수 등에 대해서도 어느 정도 가늠할 수 있다. 취조하듯 개인의 생활반경이나 습관들을 묻는 것이 아니라 환자가 스스로 본인의 이야기를 터놓을 수 있도록 상담을 이끌어보자. 연령이나 성격, 직업군에 따라 병원을 찾는 횟수와 약을 먹는 시간 등 꼼꼼하게 조언해줄 수 있는 내용이 달라질 수 있어, 환자들은 본인에게 맞춘 세심한 관리에 귀를 기울이게 될 것이다.

예를 들어 하루에 양치질은 최소 3회 이상 해야 한다는 것이 상식처럼 되어 있지만, 의외로 주변에는 그런 사실을 잘 모르거나 실행하지 않는 사람들이 생각보다 많다. 또 '초진', '재진' 등 병원에서 자주 사용하는 단어를 환자들도 당연히 알 것이라고 생각하고 이야기하다 보면 그 의미를 잘 몰라서 소통이 어려워지는 경우도 종종 있다. 해당 분야와 관련 없는 일반인에게는 생소할 수도 있는 부분이기 때문이다. 따라서 환자에게 질문을 할 때에는 상대방이 내 이야기를 잘 이해하고 있는지 꼭 확인하면서 대화를 하는 것이 좋다.

환자의 라이프스타일을 잘 알고 있으면, 그에 맞추어 새로운 치료제나 보조 프로그램을 권유하거나 판매하는 데에도 유리할 수 있다. 의사들은 장사꾼처럼 보일까 봐 환자에게 무언가를 판매하거나 권하는 것을 부담스러워하는 경우가 많다. 병원에 따라 상담실장이 그런 역할을 대신하는 경우도 있지만 역시 쉽지 않은 일이다.

물론 해당 제품이나 프로그램에 대한 충분한 지식과 정보 없이 무조건 실적을 위해 팔려고 하면 안 되겠지만, 정말로 치료에 도움이 되는 좋은 제품이 있다면 환자를 돕기 위해 빨리 소개해주고 싶은 마음이 들 수도 있다. 만일 추천한 치료 프로그램이나 제품 구매를 거절한다 해도 '다음에 필요하실 때 생각해보시겠어요?' 하고 넘어가면 된다.

3장

온라인 마케팅 실전

온라인 마케팅은 이렇게

'여기 있음'을 알리자

병원의 매출을 일으키기 위해서는 "우리 병원이 바로 여기에 있습니다"라고 알려야 한다. 그래서 원장님들이 병원 개업 후 관심을 가질 수밖에 없는 것이 바로 노출 마케팅이다.

지하철 역에서 헬스장이나 요가 프로그램 전단지를 받아본 경험이 있을 것이다. 나도 출근길에 매일 나눠주는 전단지를 처음에는 받아서 보았지만, 매번 같은 글이거나 필요없는 정보인 것을 알고 나서 나중에는 그냥 지나치거나 버리는 경우가 많았다.

병원 마케팅도 마찬가지이다. 타깃이 제대로 되어 있지 않거나 고객에게 필요한 내용이 아니라면, 제대로 전달되기 힘들다.

온라인 광고를 하기 위해서는 병원의 브랜딩 기획과 자본이 먼저 준비되어야 한다. 특히 예산에 따라 어떤 광고를 어떻게 배치할지 결정하는 것이 중요하다. 파워 링크, 파워 콘텐츠, 바이럴 광고, SNS 광고, 리타깃팅(Re-Targeting) 광고 등 다양한 형태의 광고들이 있지만, 각각 어떤 특징이 있는지 알아보고 어떤 플랫폼이 병원에 가장 적절할지 살펴보아야 한다. 병원을 찾는 고객들의 연령대와 특징을 알고 그에 맞춰 정확히 타깃을 설정해야만 예산을 더욱 효율적으로 사용할 수 있다.

현재 병원을 운영 중이라 해도 고민은 똑같다. '마케팅도 하고 있고 광고비도 계속 나가는데, 왜 매출이 오르지 않을까?' 하는 생각과 불안한 마음에 이 광고에 투자했다가 별 효과가 없어 다른 채널로 옮기고, 마케팅 회사를 바꾸는 등 분주해지기도 한다. 나 역시 항상 관심을 가지고 살피고 있지만, 온라인상에서 가장 적절한 로직을 예상하고 갈피를 잡아 맞춰가는 작업이 결코 쉽지 않다. 그렇다고 기다리기만 하면 유행에 뒤처지거나 경쟁에서 밀릴 수도 있으므로, 가능한 한 여러 가지 대응 방법들을 마련해두어야 한다.

최소 3개월에서 6개월 정도의 시간을 갖고 진행하면서, 목적한 타깃이 효율적으로 유입되어 매출을 일으키는지 데이터 분석을 통해 변화를 체크해보자.

온라인 마케팅에도 매출이 오르지 않는 이유

적절한 예상 금액과 괜찮은 콘텐츠 기획으로 노출이 잘되는 온라인 마케팅을 하고 있는데도 매출이 오르지 않는다면, 전략이 적절한지도 살펴보자. 병원의 위치 등에 따라 지역적인 변수가 있을 수도 있다.

한편 완벽해 보이는 노출과 기획, 지역 위치, 노출 키워드까지 모두 고려해서 온라인 마케팅을 한다 해도, 가장 중요한 것은 바로 병원 내부의 상황이다. 마케팅에서 잘못된 요소들을 모두 배제하고도 원인을 찾을 수 없다면 병원 현장에 부족한 부분이 있기 때문일 수 있다. 광고를 통해 가진 기대감에 못 미치거나, 불친절한 응대를 받았거나, 상담이 부족했거나, 가격에 대한 부담이 있었을지도 모른다.

정확한 목표 없이 온라인 마케팅에 집중하지 못했을 가능성도 있다. 온라인 마케팅만 하면 바로 환자가 몰려올 것이라는 생각에, 터무니없는 목표를 잡지는 않았는지 살펴보자.

반대로 온라인 마케팅에 투자하는 노력이 부족했을 수도 있다. 사회 환경과 사람들의 트렌드는 끊임없이 변화하는데, 예전 모습을 그대로 유지하여 고객들에게 흥미를 주지 못하는 경우에도 새로운 매출을 기대할 수 없다.

마케팅은 장기적인 관점을 갖고 꾸준히 실천하며 발전시켜가는 것이 중요하다. 지속적으로 마케팅 전문가와 상의하고 올바른 방법을 선택할 수 있도록 하자.

매출이 떨어질 때 점검해야 할 포인트

지방에 있는 한 네트워크 병원의 매출이 급격히 떨어져 고민에 빠졌을 때의 일이다. 당시 병원장님은 이렇게 말했다.

"경기가 안 좋아서 매출이 떨어지는 것도 이유가 되겠지만, 지인에게 들으니 옆 병원은 부원장을 한 명 더 구한다는데, 그 병원은 매출에 타격이 없는 모양이에요. 다들 어려운 것이 아니고 우리만 어려운 것 아닐까요?"

온라인상에서는 키워드, 블로그, 카페 할 것 없이 검색 결과 상위에 노출이 잘 되고 있고, 병원 내부에도 크게 변화가 없었다. 그럼 무엇이 문제일까? 고객들이 실제로 우리 병원이 아니라 다른 병원으로 유입되고 있다면 그 이유는 뭘까?

몇 가지 가능성을 가지고 하나씩 확인해보기 시작했다. 하지만 모니터링을 한다고 해도 경쟁 병원의 매출이나 정확한 고객 수, 상황을 파악하기는 어려웠다. 그래서 우선 병원 이름을 검색했을 때 메인 페이지에 노출되는 홈페이지, 리뷰, 동영상 등 노출되는 내용들이 최신 내용으로 업데이트되어 있는지 살펴보았다. 그런데 질환 키워드나 건강 정보들은 문제 없이 노출되고 있었지만 막상 병원 이름을 검색했을 때 상위에 보이는 내용들이 6개월 이상 지난 오래된 내용들뿐이었다. 또 지역의 맘 카페 글 중에는 이 지점 병원을 추천하지 않는다는 글도 보였다.

고객들은 병원에 오기 전 검색을 통해 병원의 정보를 얻는 경우가 많으므로 병원의 브랜드와 이미지 관리에 늘 신경 써야 한다. 병원 홈페이지 게시판이나 병원 정보는 최신의 내용으로 게시될 수 있도록 상태를 점검하자. 온라인 마케팅 현황을 파악하는 담당자가 데일리 체크리스트를 활용하는 것도 방법이다.

네이버 블로그 상위 노출에 진정성 있는 후기를 띄워라

SNS 마케팅, 무조건 해야 할까?

병원을 개원하면서 가장 큰 걱정은 "고객이 우리 병원에 올까?"라는 원초적인 질문이 아닐까? 병원은 환자가 있어야 존재할 수 있고, 운영될 수 있다. 병원 운영이 안정되려면 매출이 많이 일어나야 하고, 매출을 많이 올리기 위해서는 마케팅도 잘해야 한다.

개원하는 병원들은 마케팅 업체를 선정하는 데 고심한다. 워낙 다양한 실력과 매력을 갖고 있는 곳들이 많기 때문에, 여러 업체들과 만나보고 이야기를 나누다 보면 우리 병원에 알맞은 견적과, 소통이 잘 되는 성향의 업체를 찾을 수 있을 것이다.

그런데 다른 병원도 하는 SNS 마케팅이라고 해서 우리도 무조건

해야 할까?

사실 비용을 많이 투자해서 누가 어떤 곳에서 무엇을 검색하든 우리 병원이 노출될 수 있도록 하면 좋겠지만, 그것은 쉽지 않을 것이다. 그러므로 적절한 목표를 세우고 그 목표를 달성할 수 있도록 꼭 필요한 마케팅을 선택하여 집중하는 것이 중요하다. 고객이 우리 병원을 찾아올 가치를 느낄 수 있도록 병원을 브랜딩하고, 홍보와 마케팅에 힘을 싣도록 하자. 다만 그 기본 바탕은 바로 우리 병원의 비전과 목표에서 나온다는 것을 꼭 기억하자.

검색 시 상위 노출이 중요하다

병원 내부에서 직접 할 수 있는 마케팅 중 하나는 블로그이다. 이전과는 달리 블로그의 재미와 인기는 사실상 많이 줄어들었다. 네이버 등 포털 사이트가 아니라 다른 곳에서의 검색량이 늘어나고, 고객들도 광고만 잔뜩 있는 수많은 블로그들에 지쳐버렸기 때문이다. 하지만 여전히 블로그 정보를 참고하는 고객들이 있으므로, 병원 내에서 블로그 하나쯤은 직접 운영하는 것을 추천한다.

아파서 병원을 찾는 고객들은 먼저 모바일 검색을 한다. 자기가 근무하는 직장이나 집에서 가까운 곳을 검색하기도 하고, 지금 아픈 곳에 대해 가장 치료를 잘한다는, 인지도가 있고 유명한 병원을 찾아보기도 한다.

보통은 병원의 홈페이지를 구경하지만 좀 더 꼼꼼하고 상세한 정보를 원하는 사람들은 상세한 키워드들을 조합하여 우리 병원에 대한 정보와 치료에 대한 후기, 병원 분위기 등을 미리 파악하고 오게 된다.

이렇게 고객들이 검색을 통해 병원을 찾는 경우가 많기 때문에 병원들도 검색 결과의 상위에 노출될 수 있도록 신경을 쓸 수밖에 없다. 여전히 상위 노출이 중요한 이유이다.

어떠한 내용이 상위에 노출되어야 할까

최적화 블로그 만들기, 키워드 상위 노출을 위해 검색로봇이 좋아하는 조건 채우기……. 아마 마케팅 업체와 미팅을 하거나 블로그를 관심 있게 운영해본 경험이 있는 원장님이라면 익숙하게 들어본 이야기들일 것이다.

나도 개인 블로그를 시작한 지 7년이 넘었다. 하루에 1만 명이 넘는 일일 조회수를 기록하기도 하고, 그렇게 운영하던 블로그를 날려보기도 하고, 하루 만에 조회수가 10분의 1로 줄어 큰 상실감을 맛보며 몇 달간 우울했던 적도 있었다. 그런데 나중에 블로그 교육을 하게 되고 나니, 교육하는 내용들이 모두 그동안 내가 이미 해오고 있었던 것들이었다. 순수하게 개인 블로그를 운영하면서 이웃들과 소통하고 꾸준하게 포스팅하면서 정보교류를 해온 경험 덕분에, 병원 블로그에서 해결해야 할 웬만한 작업들에 대해서는 충분히 대응할 수 있었다.

블로그의 원래 취지를 살려서 고객들이 우리 병원을 방문할 수 있도록 동기를 부여하는 기획을 블로그에 담아보는 건 어떨까?

혹은 우리 병원이 다른 병원에 비해 뛰어난 점 등 우리 병원만의 자랑거리들을 고민해보자. 원장님의 인간미 있는 모습, 친절하게 환자와 공감하는 모습, 전문적인 치료 모습과 그 결과에 만족해하는 환자들의 모습을 광고하는 것은?

그 밖에 치료 전후가 뚜렷한 환자의 치료 효과를 사진으로 어필하는 등 여러 가지 콘셉트를 생각해볼 수 있다.

진정성 있는 후기를 띄워라

"2주일에 10킬로그램 감량, 책임집니다!"

옥외 광고판에 걸린 다이어트 광고 카피였다. 더운 여름이다 보니 여름마다 쏟아져나오는 다이어트 광고들에 더 눈이 간다. 어떤 연예인의 다이어트 전후 사진이 내걸린 다이어트 프로그램과, 여름이라 더 특별한 할인혜택이 주어진다는 설명에 나도 고민의 기로에 선다.

약간의 포토샵 보정이 있을지는 모르지만, 눈에 보이는 성공 사진을 보며 나도 저렇게 될 수 있을까 하는 상상에 빠져들기도 했다. 최근에 그룹 슈퍼주니어의 신동 씨, 개그맨 서경석 씨 등이 다이어트에 성공한 사례도 볼 수 있었다. 고객들은 이렇게 실제 성공한 사례들을 보면서 다이어트 업체에 대해 신뢰하고 그런 믿음을 바탕으로 자신도 도전하게 된다.

이와 같이 고객들을 이끄는 병원들은 각자 무기를 가지고 있다. 개원한 지 오래된 병원이라면 누적된 수많은 치료사례들이야말로 병원의 보물이나 마찬가지이다. 하지만 이제 막 개원한 병원이라 치료사례들이 없다면, 치료 전후의 사진을 얻기 위한 이벤트 마케팅을 당장 실시하는 것이 좋다.

치료 후기는 아직 해당 치료를 경험하지 못한 환자들에게 아주 실질적이고 중요한 홍보수단이 될 수 있다. 하지만 인터넷상에 치료 전후의 사진을 올리는 것은 의료법에 위반될 수 있기 때문에 적절하게 믹스해서 사용해야 한다. 홍보성이 강한 주제이지만 마케팅 업체에서 쓴 광고 포스팅보다는 고객이 자연스럽게 사실적으로 느낄 수 있고, 그러면서도 궁금증을 자아낼 수 있는 치밀한 내용의 포스팅이 있어야 한다.

병원에서 중요한 마케팅 요소 중 하나는 진정성 있는 후기라고 생각한다. 진료 후기는 병원을 경험한 환자들이 아직 경험을 해보지 못한 고객들에게 전달할 수 있는 가치 있는 자료이다. 병원에서 치료를 받은 사람들로부터 실제 후기를 받고, 원장님과 함께 사진을 찍는다면 적은 비용으로 커다란 효과와 파급력을 가져올 수 있는 가장 쉽고도 기본적인 홍보 수단이 될 수 있다.

가끔은 '굳이 사진까지 찍어야 하나?' 하고 생각하거나 고객보다도 원장님들이 사진 찍는 걸 더 어색해하는 경우가 있다. 하지만 환자가 줄어들고 나서야 부랴부랴 마케팅을 위해 치료 후기를 준비하려면 이미 늦었을지도 모른다. 또 그 시점에서는 리얼한 후기를 확보하기 어려울 수도 있다. 그때그때 실제 성공사례를 축적해두고, 이를 병원 내부에 액자나 인터뷰 영상 등으로 평소에 홍보에 이용한다면, 병원을 찾는 다른 환자와 고객들도 신뢰감을 가질 수 있게 된다.

막강한 플랫폼
유튜브 마케팅

요즘 가장 각광받는 영상 채널에 도전한다

요즘 사람들이 가장 많이 관심을 갖는 채널은 유튜브와 인스타그램이라고들 한다. 젊은 사람들에게 물을수록 그렇게 답한다. 요즘 사람들은 긴 텍스트나 이미지 사진이 아니라 영상을 통해서 보고, 배우고, 느끼는 것이 추세이므로, 그만큼 성장세가 크며 많은 이들이 뛰어들고 있는 막강한 플랫폼이기도 하다.

요즘에는 병원의 정보와 리얼 후기, 친근한 원장님들의 모습을 담거나 직원들이 직접 출연하여 병원의 일상을 담은 이야기 영상들도 찾아볼 수 있다. 뿐만 아니라 환자들이 본인들의 채널에 병원을 다녀온 생생한 후기를 직접 업로드하기도 한다.

그렇다면 이런 플랫폼을 통해 병원을 매력적으로 알릴 수 있는 콘텐츠는 무엇이 있을까?

유명 성형외과 의사가 환자들이 평소 궁금해하는 시술에 대한 정보를 질의응답 형식으로 촬영하여 유튜브 영상으로 꾸준히 올리는 것을 본 적이 있다. 병원 진료실에서 상담을 받는 것과는 또 다른 느낌이었다. 영상에 달린 자막과 사진들이 정보의 정확성을 뒷받침해주고, 알아듣기 어려웠던 시술 과정이나 용어들이 자세히 설명되어 더 이해하기 쉬웠다. 내가 하고 싶었던 질문인데, 막상 진료실에만 들어서면 까먹었던 것들도 해당 영상에는 잘 설명되어 있어서 더 좋았던 기억이다.

'그렇다면 우리 병원도 이제 유튜브 채널을 운영해야 하나?' 하는 생각이 든다면 우리 병원의 고객층, 진료과목, 홍보내용 등과 맞을지 다시 한번 생각해보고, 필요하다면 도전해보자.

웃음과 즐거움을 담다

나에게 가장 인상 깊었던 유튜브 채널을 꼽아보면 그중에 하나가 바로 ○○한방병원 채널이다. 구독자는 3만 명이 훨씬 넘는다. '추나추나', '방콕남녀', '추나추동', '베스트드라이버 △△△한의사' 등 재미있고 특색있는 작명과 함께 콘텐츠를 올리고 있다.

원장님들이 허리, 척추, 건강에 도움이 되는 정보를 담는다는 기본 틀은 다른 병원과 크게 다르지 않다. 그런데 다들 연기자 출신인가 싶을 만큼 말씀도 잘하고, 유머도 넘치고, 호기심을 일으키며 영상을 끝까지 볼 수 있게 만드는 힘이 있었다. 건강정보이지만 지루하지 않게 기획을 해서인지, 누구나 집에서도 쉽게 따라 할 수 있는 내용들도 많았다. 중간중간 전문용어들도 나오지만 동영상 속에 쉽게 설명되어 이해하기 쉬웠다.

초창기 영상들을 찾아보면, 의료진이 아닌 물리치료사 혼자 나와서 건강 체조를 하고, 긴 자막이 화면을 꽉 채운 형태였다. 도움이 되는 내용은 많지만 최근에 올린 영상들과는 조금 차이가 있었다. 최근에 조회수가 높은 영상물들을 살펴보면 유튜버와 원장님이 함께한 영상, 고객과 공감대를 살린 심플하고 재밌는 영상기획들이 인기를 많이 얻고 있었다.

한편 내가 최근에 관심 있게 보는 채널은 치과의사 '매직 박'의 채널이다. 10만 명이 넘는 구독자들과 소통이 아주 활발한 채널이다. 치과의사가 알려주는 의료 콘텐츠도 있고, 사랑니 수술을 직접 경험한 일, 가격대별 치아미백 방법 등 치과의사의 시점에서 설명하는 부분과 함께 치과를 찾아가는 환자의 시점으로도 경험할 수 있는 영상들이 많다. 또 의사가 자신의 일상 속에선 지옥의 육아를 병행하고 있는 콘텐츠도 있었다.

이 채널의 구독자들은 사람 냄새 나는 똑똑한 치과의사의 매력을 경험하고 있다. 댓글을 보면 '남이 양치질하는 모습을 이렇게 주기적으로 볼 줄이야ㅋㅋㅋ', '부작용까지 몸소 체험하는 참의사'라며 뜨거운 반응이 이어지고 있다. 그동안 이렇게 본인의 생생한 모습을 보여준 의사가 있었던가 싶기도 하고, 나도 모르게 영상을 계속 찾아보게 된다. 소개글에는 '웃음과 즐거움을 주는 Streamer & Creator를 꿈꾸는 매직 박'이라고 씌어 있다. 나도 모르게 검색을 하다 보니 이미 연관 검색어로 운영하는 치과의 이름이 올라가 있었다. 치과는 왠지 이름만 들어도 가슴이 쿵쾅거리는 무서운 곳이라는 인식이 있었는데, 치과의사 매직 박의 영상을 떠올리면 웃음부터 나는 효과가 생겼다. 구독자들도 분명 나와 같은 공감대를 느끼고 있을 것이다.

유튜브 공략 방법

그렇다면 유튜브를 공략해볼까? 사진과 사진에 맞춰서 글을 쓰면 완성되는 블로그 포스트와 달리 유튜브 영상은 준비부터 차원이 다르다. 리얼한 브이로그 형식도 있겠지만, 병원이라는 특성상 그냥 막 찍기에는 신경 쓰이는 부분이 많다.

우리 병원의 치료, 제품, 인테리어, 의료 서비스, 환자 후기, 우리 병원을 대표하는 스타 원장님의 이야기 등을 주제로 녹여내어 영상 콘텐츠를 제작해 올려보자.

영상 속 원장님의 음성과 제스처 등은 블로그, 홈페이지에서 글로 만나던 모습과는 또 다를 것이다. 전문분야의 유익한 정보를 환자들에게 알려주고 잠재 고객들까지 끌어들일 수 있는 좋은 홍보의 기회이기도 하므로, 유튜브 채널에 관심이 있는 원장님이라면 스마트폰으로 먼저 간단하게 시작해보고, 점차 시스템을 업그레이드하는 것도 좋다.

요즘에는 스마트폰의 성능이 좋아서 값비싼 카메라에 견주어도 뒤떨어지지 않을 정도이므로 익숙하고 편리한 스마트폰으로 시작해도 충분하다. 또한 프리미어 프로 등의 전문적인 영상 편집 프로그램이 아니어도 곰믹스 프로, VLLO와 같은 영상 편집 어플리케이션도 많아서 편집에도 크게 어려움이 없다. 다만 업로드를 위해서는 영상을 기획하고 찍고 편집하여 자막을 다는 등의 작업이 필요하기 때문에 노력과 시간을 투자해야 하는 것은 불가피하다.

일정이 바쁘고 여유가 없는 병원이라면 외주 작업으로 편집하여 결과물을 받는 방법도 있다. 하지만 유튜브 채널을 오픈했다면 지속적으로 영상을 업로드해야 구독자가 늘고 홍보와 마케팅 효과를 볼 수 있으니, 여유가 된다면 촬영 직원을 따로 두어 전담으로 영상 기획과 편집, 업로드를 맡기고 운영하는 것을 추천한다.

어떻게 시작해야 할지 잘 모르겠거나 진료시간이 너무 바빠서 유튜브를 운영할 시간이 없다면? 이미 계정이 있고, 많은 구독자를 확보한 유튜브 채널 인플루언서들과 제휴를 맺는 것도 좋은 방법이다. 요즘에는 기존 유튜버들이 병원과 협력하는 경우도 자주 볼 수 있다. 단, 인지도에 따라 비용에 차이가 클 수 있으니 우리 병원의 이미지와 맞는 적절한 인플루언서를 찾아보자.

영상 활용 방법

유튜브 때문에 영상을 만들었다면, 그 영상을 유튜브 채널만이 아니라 다양한 곳에 파생하여 이용할 수 있다. 네이버 TV와 같은 온라인 채널에도 활용할 수 있고, 영상을 캡처하여 블로그나 SNS에 올릴 수도 있다. 병원 대기실에 TV나 태블릿 PC가 있다면 대기하는 환자들에게 쉽게 영상을 전할 수 있다.

유튜브에 업로드한 영상이 많이 쌓였다면 이제는 질환별, 내용별로 URL을 정리해두고 필요한 환자들에게 그때그때 전송할 수 있도록 파일링해둔다. 예를 들어 병원에서 상담만 하고 치료 결정을 고민하는 환자들에게 적합한 유튜브 영상 URL을 함께 보내어 다시 한번 고민을 해결할 수 있게 하거나, 내원 결정을 유도할 수 있다. 이미 다니고 있는 재진 환자들에게도 평소 생활 관리법이나 식이요법 정보들이 담긴 영상을 보내준다면 고객은 집에서도 세심하게 관리를 받는다는 느낌을 받게 된다.

고객과 빠르게 소통할 수 있는 카카오톡 마케팅

카카오톡 채팅으로 응급환자를 이송하는 시대

코로나19로 인해 사회적 거리두기가 장기화되면서 병원에서도 전화 상담에 이어 카카오톡 채팅 상담이 인기를 끌고 있다. 얼마 전에 본 기사에서도 해상에서 응급환자가 발생했을 때 원양 선박에서 카카오톡으로 소방청에 응급의료 상담 서비스를 신청해 많은 도움을 받았다는 내용이 나와 있었다.

카카오톡 채팅 상담 서비스는 영상과 사진 전송 등이 가능하기 때문에, 직접 병원에 내원하지 못하는 사람들에게는 한시적이나마 큰 장점으로 어필될 수 있다. 또한 앞으로는 병원 진단서도 카카오톡과 카카오페이 등을 이용해 종이로 출력하지 않고도 전달할 수 있을 것이라고 하니, 병원에서도 메신저를 이용해 어떤 마케팅이 가능할지 고민해봐야 할 것이다.

지금의 10~30대들은 직접적인 대면보다 채팅과 같은 비대면으로 대화하는 것이 더욱 익숙한 세대이다. 따라서 병원 관계자들도 앞으로 이런 상황에 맞는 상담 방식을 준비하여 향후에 활발하게 이용해보자.

예를 들어 누구나 무료로 만들 수 있는 카카오톡 비즈니스 홈을 이용하면 쉽게 실시간으로 상담하고, 초진 유입을 이끌 수 있다는 장점이 있다. 또한 환자 목록을 관리하고 충성고객을 만들 수 있도록 지속적인 관리 콘텐츠를 최소 비용으로 이용할 수 있는 장점도 있으므로, 특히 개인병원이나 개원을 준비하고 있는 병원이라면 꼭 시작하는 것을 추천한다.

카카오톡 채널을 다양하게 활용한다

카카오톡 채널을 이용하면 개인적인 메시지는 물론 단체 메시지 전송도 가능하며, 블로그나 다른 SNS 채널처럼 홍보하고 싶은 포스트를 발행할 수도 있다.

현재도 병원, 한의원 등에서는 병원 폰을 따로 두고 카카오톡 채널을 통해 고객들을 관리하고 있다. 초진, 재진 고객들의 번호를 등록하여 간단하게는 병원 예약과 변경, 내원 상담, 병원 공지사항 등의 서비스를 제공하며 친근하고 쉽고 빠르게 정보를 소통할 수 있는 공간으로 활용한다.

카카오톡 채널의 장점은 카카오톡 친구로 등록된 사람들에게 1:1 맞춤별 관리를 하기에 편리하다는 점이다. 재진 환자들은 치료를 받으면서 궁금한 점이나 주의사항 등을 지속적으로 얻기가 힘들다고 느낄 수 있다.

이런 사람들을 위해 병원에서는 카카오톡 채널의 그룹관리 기능을 통해 질환별, 혹은 나이대별로 그룹을 관리하면 환자들의 내원 예약이나 결제율을 높일 수 있다. 이는 매출 상승으로도 연결된다. 또 평소 건강생활 관리법 등도 전달할 수 있어, 환자들의 반응도 좋다.

또한 등록된 친구들을 카카오스토리에 추가하여 카카오톡 스토리 채널로 유입시키기도 편하다. 카카오스토리에 익숙한 30~50대 여성들에게는 특히 홍보효과를 올릴 수 있을 것이다

병원에 할인혜택 등의 이벤트가 생겼다면 역시 카카오톡 채널을 활용하여 전달하고 홍보할 수 있다. 그동안 병원의 상담실장이 고객과 1:1로 대면하여 하나하나 말로 설명하거나, 리플렛과 같은 홍보물을 통해 전했던 내용들을 이제는 카카오톡을 통해 빠르고 자세하게 전할 수 있고, 그것을 받은 고객들도 친구나 지인, 가족들에게 쉽게 알리고 소문을 내줄 수 있게 된다.

이렇게 편리하고 다양한 기능을 이용할 수 있어 유용한 카카오톡 채널이긴 하지만 문제는 어떻게 지속적인 콘텐츠를 만들어내고 꾸준히 관리하느냐일 것이다. 너도나도 한다고 해서 개설만 해두고

관리하지 않으면 유령 채널이 되어 고객들에게 혼동을 줄 수 있고, 오히려 컴플레인을 유발하는 요인이 될 수도 있으므로, 목표와 계획을 잘 세우고 실행에 나서는 것을 추천한다.

고객이 작성한 상위 노출 리뷰 관리

전파력 강한 SNS를 주도적으로 활용하자

블로그, 카페, SNS 등은 온라인에서 강한 전파력을 갖고 있다. 그래서 병원 블로그, 인스타그램 등 SNS는 홈페이지와는 별도로 감성적인 내용을 전달하는 매개체로 활용되며, 일반적인 건강정보와 진료 외에도 병원의 다양한 모습과 이벤트를 통해 고객과 소통하는 모습을 담는 것이 보통이다. 고객들은 병원 원장님의 평소 생활 모습, 직원들과 환자들 사이의 에피소드를 보며 친근함을 느낄 수 있고, 병원의 입장에서는 사람 냄새 나는 곳임을 어필하고, 진실성 있게 다가갈 수 있는 좋은 홍보 수단이 되기 때문이다. 특히 SNS에서는 병원이 원하는 시각에 맞추어 정보를 제한하여 고객에게 공급하는 것이 가능하므로, 병원이 주도하여 목적에 맞게 활용할 수 있는 것이 장점이다.

고객 개인의 블로그, 카페, SNS 등의 채널을 통해 병원이 직접 고객과 소통할 수도 있다. 특히 네이버 블로그는 입소문을 활용한 마케팅이 가장 활발한 곳이다. 환자들이 직접 올린 후기나 경험담을 공개하면서 다른 사람에게 자연스럽게 방문한 곳을 알리게 되므로 상대방을 설득하고 홍보하는 장으로 충분히 활용된다. 병원 홈페이지보다 쉽고 친숙하게 다가갈 수 있는 공간이므로 자유로운 소통이 가능하다.

네이버 카페는 블로그보다 더 뚜렷하게 같은 목적이나 공통 관심사 카테고리로 묶여져 모인 특성을 갖고 있는 만큼 고객의 취향을 알 수 있고, 공감대를 더욱 크게 형성할 수 있는 공간이다. 카페라는 공간에서 적극적으로 이야기하고 다른 사람들과 커뮤니케이션도 쉽게 할 수 있다는 것이 특징이다.

좋지 않은 입소문 vs 좋은 입소문 관리

SNS에서는 안타깝게도 긍정적인 병원 후기를 보게 되는 경우보다 부정적인 글들을 발견할 때가 더 많다. 인터넷 매체가 날로 발전하고, SNS를 통한 정보 전달이 쉽고 빠르게 이루어지는 시대인 만큼 개인 계정에 자유롭게 메시지를 담는 일도 많다. 그렇다 보니 병원들도 늘 관련 키워드를 주기적으로 검색하는 일에 많은 시간을 쏟는다. 어느 카페, 어느 블로그에 병원을 비방하거나 악의적인 글이 있지는 않은지 살펴보고 관찰해야 하기 때문이다.

병원은 아무래도 몸과 마음이 힘든 분들이 찾아오는 곳이기 때문에, 불편한 기색을 적어두는 경우가 적지 않다. 불만을 해결하지 못한 사람들은 인터넷 공간에서 공감을 얻고 자신의 불만사항을 정당화시키고자 여론을 조장하게 된다. 병원에 불편사항을 이야기했지만 들어주지 않았거나, 병원에서 생긴 서운함을 직접적으로 해결하지 못했을 경우에는 블로그에 부정적인 후기를 남길 수 있다. 특히 여러 사람의 공감을 받은 글은 지속적으로 상위에 위치하게 되는 경우가 많기 때문에, 빨리 해결하는 것이 좋다. 병원을 찾지 않았던 사람들, 내원을 앞두고 있던 사람들에게 가지 말아야 할 병원으로 각인되는 것은 막아야 한다.

만약 병원에 대해 부정적인 블로그 글을 발견했다면 일단 블로그 주인과 소통해야 한다. 어떤 부분에 불만을 갖고 있는지, 왜 해결되지 못했는지 등을 살펴 불만 요소를 풀어주기 위해 노력하고, 적절한 해결 방법을 통해 삭제 요청을 하는 것이 좋다. 그 결과 원만하게 해결되어 고객 스스로 글을 삭제한다면 가장 좋다. 하지만 만약에 잘 해결되지 못할 경우에는 적어도 부정적인 글이 검색 결과 상위에 노출되지 않도록 해결해야 한다.

예를 들어 네이버 블로그에 악성 글이 발견되었다면 네이버 신고센터에 유해 게시물 신고를 통해 비방 / 비하 명예훼손으로 신고 접수를 하면 된다. 다만 이 경우에는 블로그 주인이 본인 글이 삭제

된 것을 보고 다시 악성글을 남기는 등의 악순환이 이루어질 수 있으므로 주의해야 한다.

반대로 긍정적인 병원 후기를 발견했다면 적극적으로 감사의 인사를 표하자. 나도 개인 블로그를 운영하고 있는데, 맛과 서비스가 좋았던 카페의 후기를 포스팅했더니 해당 카페에서 정성스런 후기에 감사하다며 댓글을 직접 남겨준 적이 있다. 카페의 홈페이지에 리뷰를 쓴 것도 아니고 개인적으로 쓴 글이었는데, 그것을 발견하고 댓글을 달아줄 것이라고는 생각하지 못했기에 매우 놀라웠다. 해당 업체가 직접 고객의 리뷰를 살피고 있다는 것에 가벼운 감동마저 느꼈던 기억이다.

좋은 입소문을 만들기 위해 노력하자

병원의 입장에서는 적극적으로 좋은 입소문을 만들기 위해 노력해야 한다. 즉 우리 병원의 치료 실력을 환자들이 인정할 수밖에 없도록 발판을 만드는 것이다.

병원 행사라는 카테고리의 예를 들어보자. 오픈한 지 1주년 동안 병원이 성장한 모습을 대기실에 게시해 고객과 함께 공유하거나, 원장님이 세미나와 학회 등에 참여해서 해당 분야의 질환과 치료에 더 인정받았다는 소식을 게시하는 것, 또 지역의 협력업체를 소개하거나 지역사회에 봉사하는 모습 등 좋은 소식을 고객에게 적극적으로 알릴 필요가 있다.

방송 출연을 했다면 방송시간을 알려주고, 유튜브 채널을 개설했다면 병원을 찾는 고객들에게 구독과 알림으로 홍보한다. 또 새로운 치료기기를 도입했을 경우 적극적으로 참여해볼 수 있는 이벤트와 가격할인 행사 등을 게시하면 병원 홍보 효과도 누릴 수 있다. 이벤트에 참여한 고객에게는 적극적인 감사의 표현을 하는 것이 좋다.

이런 방법들은 고객들이 또 다시 소문을 내어 새로운 고객을 창출해낼 수 있도록 하고, 사용해본 고객이 스스로 좋은 입소문을 낼 수 있는 환경을 제공하게 된다.

진성 고객을 확보하는 방법

네이버 등 포털 사이트의 카테고리에는 지역별, 성별, 취미별로 다양한 카페들이 있는데, 그중 병원의 진료과목과 관련이 있는 카페가 있다면 평소에 활동하며 소통해보자.

이런 활동이 주는 장점은 두 가지다.

첫째, 병원이 있는 지역 내 최신 소식을 접할 수 있고 병원 모니터링이 쉽다.

둘째, 가망고객들의 이야기를 찾아볼 수 있다.

예를 들어 운동을 하다 다친 통증이나 질환으로 내원하는 환자가 많은 병원이라고 하자. 그렇다면 원장님이나 홍보직원이 지역 가까이에서 활동하고 있는 등산 모임, 배드민턴 모임, 활성화된 지역 맘카페 등에 가입하고 활동하며 등업도 해두는 것이 좋다. 사람들이 병원에 대해 어떤 평가를 하고 있는지 볼 수 있고, 질환에 대해 자주 고민하고 나누는 이야기들을 접할 수 있다. 물론 이를 십분 활용하기 위해서는 평소에도 실제로 꾸준하게 게시물 작성이나 댓글 활동을 해야 한다. 그러면 혹시라도 병원에 대한 부정적인 글이 생겼을 때 빨리 발견할 수 있고, 부정적인 여론을 만들지 않도록 해결하기가 더 쉽다.

유튜브 플랫폼이 활성화된 요즘은 유튜브 채널도 모니터링하는 것이 좋다. 실제로 유튜브 영상 모니터링을 하다가 우리 병원에 내원했던 고객이 본인의 유튜브 채널에 치료에 대한 정보와 후기를 영상으로 찍어 올린 것을 발견한 적이 있다.

"집에 와서 이 약을 바르니까 조금 따갑더라고요, 병원에 가면 다시 물어봐야겠어요."

영상의 내용 중에는 이렇듯 치료 과정 중에 궁금한 사항을 이야기하는 것도 있었다. 그것을 발견하고 원장님에게 바로 알려드렸고, 원장님은 그 이후 내원한 환자에게 더 상세하게 치료 과정을 설명하고, 환자가 궁금해하는 것에 답해주는 등 도움을 줄 수 있도록 했다. 환자와 소통하며 더 원활한 치료가 될 수 있었던 경험이다.

4장

브랜드 이미지를 올리는 직원 관리 노하우

좋은 직원은
병원의 브랜드 가치를 높인다

우리 병원에 딱 맞는 직원은 왜 없을까?

병원을 운영하는 원장님들의 가장 큰 걱정 두 가지는 매출과 직원 걱정일 것이다. 병원 마케팅 관련 강의를 들으러 갔을 때, 참석한 병원 관련자 중에 몇몇 원장님들이 모여 이야기하는 것을 들었다.

"전 왜 이리 인복이 없을까요?"

"왜 우리 병원에는 이런 직원들만 들어오는 걸까요? 허허허."

원장님들은 격하게 공감하며 직원에 대한 고민을 나누었다.

환자들의 만족에는 병원 직원들의 영향력이 매우 크기 때문에, 원장님들은 직원들이 조금 더 열심히 해줬으면, 조금만 더 잘해줬으면 하고 생각한다. 하지만 직원들을 변하게 하는 것은 원장님의 구체적인 업무 지시, 공평한 잣대와 정확한 평가이기도 하다. 따라서 서로 존중하고 환자의 치료를 위해 함께 노력한다면 원장님도 직원도 모두 행복하며 좋은 분위기의 병원을 만들 수 있겠지만, 그것은 쉬운 일이 아니다. 말과 행동이 일치하며 직접 실천하는 원장님의 모습을 볼 수 있다면 직원들도 변화될 것이다.

좋은 병원은 면접 준비부터 다르다

"면접 볼 때는 진짜 괜찮은 친구 같았는데, 실제로 보니 아니더라고. 속은 거 같아요"라고 속상해하는 원장님이 있었다. 그래서 구인광고 내용은 어떤 상태인지, 면접내용은 어땠는지, 평가의 기준은 무엇이며, 해당 병원에서 필요로 하는 인재상은 전달했는지 등 몇 가지 질문을 드리며 확인해보았다. 그런데 원장님의 대답을 들으니 단 10분 만에 원인을 알 것 같았다.

안타깝게도 그 원장님은, 자신은 직원면접을 많이 봐서 딱 보면 느낌이 있다고만 이야기했다. 그 느낌이 무엇인지, 선발기준은 무엇인지 정확히 알고 싶었지만 그저 느낌이 있다고만 이야기할 뿐 더 이상의 이야기를 들을 수 없었다.

병원의 직원은 직접 고객들을 응대해야 하는 병원의 얼굴이기에, 직원을 선발할 때는 병원의 입장에서도 명확하고 꼼꼼한 체크리스트를 준비해야 한다. 나 역시 어떤 병원인지 그림이 그려질 정도로 병원의 철학이 담겨 있고, 근무 조건과 근무자의 역할이 뚜렷하며, 어떤 인재상을 원하는지 드러나는 성의 있는 구인광고에 눈이 갔던 기억이 있다.

좋은 병원이 좋은 직원을 뽑을 수 있다.

직원 면접을 위한 병원의 준비도 필요하다

직원을 뽑을 때는 지원자가 최대한 면접자와 편안한 대화를 할 수 있도록 분위기를 만들어, 지원자의 진짜 모습을 볼 수 있어야 한다. 때로는 질문을 던진 면접자가 더 많은 이야기를 하는 경우도 있는데, 면접 지원자가 본인의 이야기를 좀 더 많이 할 수 있도록 지원동기와 이유를 충분히 설명할 수 있는 좋은 질문유형을 준비해야 한다.

한편 대화 도중 느꼈던 느낌과 대화의 흐름은 시간이 지나면 왜곡되거나 지워질 수 있다. 따라서 원장님들은 공정하게 지원자를 평가할 수 있도록 대화 태도, 대화 능력, 본인의 의사 표현, 입사 의지, 목소리 톤 / 억양 등을 체크할 수 있는 면접평가서를 준비해야 한다.

직원들이 알아야 할 병원 면접 요령

반대로 병원에 지원하는 직원이라면 미리 병원의 홈페이지, 블로그 등을 검색해서 병원에 대한 기본정보(원장님 성함, 진료 과목, 치료 방법 등)와 분위기를 살펴보고 가는 것이 좋다.

또 나는 면접을 준비하는 직원에게 면접시간은 해당 병원과 원장님, 직원이 짧은 시간 내에 서로를 탐색해야 하는 시간이기에 절대로 아무 질문도 없이 그냥 나오면 안 된다고 당부한다.

내가 일할 곳이 평소 깨끗한 환경인지, 직원이나 원장의 표정, 응대와 면접 질문에 있어 배려가 있는지 등을 살펴, 면접자 역시 본인의 직장이 될 병원의 입사 결정을 신중히 해야 한다고 말이다. 원장님의 면접 태도와 면접실의 분위기 등은 그 병원에서의 근무환경을 말해주는 것이기도 하기 때문이다.

| 면접평가서(자세 평가 기준 예시) |

외형적 인상	상		중		하		비고
건강	아주 건강함	✓	건강해 보임		약해 보임		
태도	침착하며 집중함		보통	✓	침착하지 못함		
복장	청결하며 단정함	✓	단정		단정하지 못함		

이 밖에도 성격 / 열정 / 대화 / 말투 / 어조 / 호감도 등 원장님이 중요하게 보는 외형적 조건을 면접평가표에 기록하여 면접자와의 첫 만남을 잘 기억할 수 있도록 바로 체크한다.

| 면접평가서(질문 예시) |

구분	질문사항	회답	평가 및 척도(1~5)
기본 사항	오는 길이 멀진 않았나요?		출퇴근 시간 가늠하기
	병원의 첫 방문 느낌은 어땠나요?		병원에 대한 관심도와 첫인상 살피기
	○○○병원에 대하여 들어본 적이 있습니까?		
	있다면 어떻게 알게 되었나요?		
직업에 대한 마음가짐	향후 어떤 직업, 어떤 꿈을 갖고 있나요?		근무에 대한 생각과 미래에 대한 동기부여를 줄 수 있는 부분 파악하기
업무 관련	업무를 하는 동안 당신에게 어떤 도움이 되었나요?		업무 경험치, 중요도 체크
인성 관련	평소 스트레스 해결법은?		평소 습관 및 이탈 방지 예상
기타 사항	다른 직업에 특별한 경험이 있습니까?		업무 소화능력 확인 및 직무 포지션 가늠

병원의 브랜드는
고객과의 신뢰에서 이뤄진다

가운이 주는 신뢰감

병원의 직원이나 시스템도 중요하지만, 병원의 신뢰를 좌우하는 것은 가운을 입고 진료하는 의사이다.

내가 수면센터에서 처음 상담을 받을 때였다. 홈페이지에서 본 것과 거의 비슷한 모습의 인테리어와 홍보물들이 눈에 띄었고, 코디네이터 선생님들이 친절하게 검사내용과 문진표를 설명해주었다. 그때까지만 해도 나는 '괜찮은 곳으로 예약을 잘했군!' 하고 생각했다. 마지막 검사를 위해 의사가 있는 진료실에 들어갔는데, 그곳에는 두 사람이 있었다. 의사 가운을 입은 사람이 책상에 앉아 사복 차림의 또 다른 남자에게 뭔가 지시하자, 그 사람이 검사기구를 가지고 내 콧속을 들여다보았다. 그 사람은 간단하게 검사를 마친 후 나를 다시 옆방으로 데려가 그대로 본격적인 상담을 시작했다. 친절한 말투로 검사에 대해 설명하긴 했지만, 내 머릿속은 복잡해졌다. '이 사람이 의사 맞나?', '이 방에 검사기구가 없어서 저쪽으로 데려갔던 거겠지?', '가운을 입고 앉아서 지시한 의사는 뭐야? 교육 중인가?', '내가 진료받는 의사가 대표 의사가 아닌가? 옷은 왜 사복 차림이지?' 등 수많은 의문이 뒤따랐다.

그때는 한창 대리의사 행세를 하는 영업사원의 이야기들이 이슈가 되어 뉴스에 나오던 시기여서 더 민감해질 수밖에 없었다. 결국 상담이 끝나고 나서 나는 친절한 코디네이터 선생님에게 "저 진료실에 있는 분이 의사분이 맞는 거죠?"라고 물어보았던 기억이 있다.

병원에서 깨끗하게 가운을 차려입은 원장님의 모습은 환자에게 정중하고 신뢰감 있는 이미지를 전달하는 기본이 아닐까 싶다. 그 외에도 차분하고 신뢰감 있는 목소리, 눈빛 등 의료진의 외적 모습도 영향을 주며, 진료실의 정리 상태 등도 환자에게 다양한 이미지로 각인될 수 있기 때문에 주의해야 한다. 환자의 건강을 다루는 병원이라면 환자에게 신뢰를 주는 것이 가장 중요하지 않을까.

친절의 기본은 인사에서부터

일언천금(一言千金). 한마디 말이 천금의 가치를 나타낸다는 뜻이다. 인사를 잘하는 사람들을 보면 기분이 좋아진다. 우리는 처음 보는 사람이라도 그 사람이 인사를 잘하면 '참 예의 바르다', '가정교육이 잘되어 있다', '인사하는 모습을 보니 일도 잘하겠다'라고 이야기한다.

병원에서도 원장님이 하는 반가운 아침인사, 직원들끼리의 인사 한마디가 분위기를 좌우한다. 직원들과 즐겁게 큰 소리로 인사하는 사람은 주위를 밝게 하지만, 개미 같은 목소리로 인사해서 다른 사람들이 잘 듣지도 못하는 경우도 있다.

원장님이 환자에게 인사를 건네는 것은 더욱 중요하다. 환자와 눈을 맞추고 인사해보자. 큰 소리로 인사할 수 없는 상황이라면 고개 인사만이라도 좋다. 또 환자를 가장 먼저 맞이하는 직원들이 건네는 밝은 인사는 환자들의 불안과 공포를 줄여주기도 한다. 직원이든 의료진이든, 병원을 내원하는 모든 사람에게 큰 소리로 밝게 인사하는 습관으로 먼저 좋은 느낌을 주도록 하자.

병원 셀프 브랜딩

"앞니 성형 전문치과 = ○○○ 치과"

"40세 이상 고령자 출산이 안전하고 유명한 곳 = △△△ 산부인과"

"임플란트 잘하는 병원 = □□□ 치과"

사람들이 아플 때 바로 생각나는 곳이 내가 근무하는 병원이라면 얼마나 좋을까? 이미 타깃과 포지션이 명확한 병원들의 브랜드와 마케팅은 점점 더 치열해지고 있다. 병원 브랜드에 투자를 많이 하여 따로 컨설팅이나 마케팅 팀을 꾸려 운영하는 병원이 있는가 하면, 병원 인력으로 모든 것을 해결해야 하는 곳도 있다. 대형 병원들은 이미 인증된 브랜드라고 여겨지지만 중소형 병원들은 지역과 동네에서 친밀감 있고 전문적인 병원으로 차별화하기 위해 더욱 애쓰고 있다. 실제로 대형 병원이 가질 수 없는 친근한 전략을 통해 치료의 질은 높이고, 특화된 의료 서비스를 제공하며 일관성 있게 지속한다면 고객들의 기억에 오래 남는 병원이 될 수 있다.

처음 개원하는 이들에게는 병원의 아이덴티티, 브랜드, 비전, 가치, 미션, 마케팅과 같은 작업이 어려워 보일 수도 있지만, 병원을 내원하는 고객들에게 병원에 대해 긍정적으로 인식하게 하고, 지속적으로 인지도를 높이는 작업이라고 생각하면 된다.

지속성을 갖고 유지하려면 명료한 브랜드를 구축해야 하므로, 쉽게 이해할 수 있고 직원들 역시 수용할 수 있는 기준을 갖고 접근해보자.

- 병원이 지킬 수 있는 약속된 서비스는 무엇이 있을까?
- 진료에 대한 충분한 설명도구들이 구비되어 있는가?
- 진료 일정, 휴무에 대한 알림은 어떻게 고객들에게 전달되는가?
- 진료 비밀이 보장되는가?
- 치료비는 적절한가?
- 편의성을 높이는 서비스는 어떤 것이 있을까?
- 병원만의 긍정적인 조직문화가 있는가?

• 다른 경쟁 병원보다 나은 검사기구, 진단기구에는 무엇이 있는가?
• 불편사항을 신속하게 처리할 수 있는 자세와 시스템이 있는가?
• 의료진의 정서적 배려는 어떤 식으로 진행되는가?
• 고객의 눈높이에 맞는 맞춤 서비스를 어디에서 느낄 수 있는가?
• 전문용어와 외국어 대신 고객이 이해할 수 있는 단어로 설명할 수 있는가?

이외에도 검색 - 예약 - 병원 도착 - 접수 대기 - 검사 - 진료 - 치료 / 상담 처방 - 수납예약 - 귀가 후 해피콜 서비스의 각 단계를 생각하며 질문을 던지고 답해보자. 모든 것을 다 하려고 할 것이 아니라, 병원이 반드시 지킬 수 있는 약속과 서비스가 곧 그 병원의 브랜드가 된다.

직원과 함께하는 병원 경영

직원이 행복해야 병원이 행복하다

병원 마케팅과 관련된 강의마다 빠지지 않는 대목이 있다. 바로 '직원의 행복'이라는 부분이다. 병원 경영에 관심이 있어 책을 읽거나 강의를 들어본 원장님이라면 한 번쯤은 접해보았을 것이다. '직원이 행복해야 병원을 찾아오는 고객이 행복하고, 고객이 행복해야 원장님이 행복하다'라는 이야기는 정말일까? 이상에 불과한 것은 아닐까?

같은 공간에서 하루 종일 함께 일하는 사람들과의 시간이 즐겁지 않은 삶은 어떨까? 정말 생각하기도 싫어질 것이다. 원장님들도 같은 생각을 한다. 그렇기에 직원들을 위해 공감하고 격려하려고 애쓰는 등 많은 노력을 하는데, 안타깝게도 별다른 시너지가 나지 않거나 직원들의 입장이나 생각과는 동떨어진 경우도 있다. 과연 무엇이 문제일까?

많은 병원에서는 병원의 문제점을 개선하고 직원들의 사기를 높여 일에 집중할 수 있도록 노력하지만, 효과를 거두기 위해서는 방법이 중요하다. 어떻게 다가가야 직원들이 직장에 만족하고 원장들의 진심이 잘 전달될 수 있을지, 몇 가지를 살펴보자.

성장 동력을 제공하는 병원이 되자

직원들이 이루고 싶어 하는 목표와 병원이 원하는 사항을 일치시키기란 쉽지 않다. 하지만 최소한 직원이 해당 병원에서 일하면서 배우고 성장한다고 느끼고, 병원 역시 목표대로 바른 방향성을 갖고 나아간다는 느낌을 공유할 수 있어야 한다.

나는 적지 않은 나이에 새롭게 병원에서 근무를 시작했다. 나이는 많지만 신입 직원으로서 몰랐던 것들을 배우느라 어색하고 힘들었던 것도 사실이다. 하지만 주위에서는 내가 적응할 때까지 천천히 기다려주었고, 나 스스로 직장에 필요한 존재라고 인식할 수 있도록 도와주었다.

그렇게 열심히 배워나가자 어느새 일이 손에 익숙해졌고, 시간이 지나 같은 업무를 반복하는 것이 재미가 없다고 느껴질 때면 주어진 업무 외에 내가 할 수 있는 것들을 스스로 찾아 나서기도 했다.

그런 과정에서 또 다시 성장할 수 있었고 재미를 느낄 수 있었다. 그리고 그것이 가능했던 것은 직장에 대한 믿음과 비전이 있었기 때문이다.

내가 근무했던 병원은 처음 면접을 볼 때부터 직장의 조직도를 보여주었고, 반복적인 일만이 아니라 주임 – 팀장 – 실장으로 성장하면서 더 나은 월급이나 대우, 복지사항을 얻을 수 있는 기회가 있었다. 그리고 이것이 나에게 동기부여가 되었다.

"1년 후에는 팀장이 되어서 후배가 들어오면 잘 알려줘야지."

이처럼 성장할 수 있는 기회가 있다면, 직원은 계속 도전하고 함께 성장할 이유를 찾기 때문에 떠나지 않는다. 물론 열심히 하고자 하고, 스스로 변화하고 발전하려는 열정이 있는 직원에게 해당되는 이야기이다.

면접을 보거나 면담의 기회가 있다면 직원들에게 다음과 같은 질문을 던지며 체크해보자.

"우리 병원에 들어온 동기가 무엇입니까?"

"우리 병원이 어떤 직장이길 원합니까?"

"무엇을 배우고 어떤 부분에서 성장하길 원합니까?"

"병원의 철학과 목표에 동의합니까?"

"자신이 직장에서 할 수 있는 역할과 구체적인 행동은 무엇입니까?"

평소에 원활하게 소통한다

병원 일은 생각만큼 단순하지 않다. 물론 중심이 되는 것은 환자의 진료와 치료일 테지만 그것 말고도 신경 써야 할 일이 여러 방면에서 많다.

작은 병원일 경우에는 원장님이 모든 경영과 관리 일반을 다 맡아 하기도 하지만 그렇게 하는 것은 효율적이지 않다. 그렇게 한다고 해서 잘 경영되는 것도 아니다. 결국 유능한 직원들에게 일을 배분하고, 원활하게 소통하면서 꾸려가야 한다. 하지만 병원의 고객이 늘어나고 바빠지면 직원들과 마주앉아 회의할 시간도 점점 사라진다. 그러다 컴플레인이 발생하거나 문제가 생기면 급히 회의를 진행하는 일도 생긴다.

잘되는 병원은 원장과 직원들 사이에 평소에 소통이 잘 이루어진다. 꼭 모여서 회의를 진행하지 않아도 평소 대화나 메신저 등을 통해 환자에 대한 정보들을 계속 공유하고, 병원에 대한 의견과 아이디어를 제시한다. 그러므로 최대한 시간을 마련하여 직원들과 다양하게 소통하며 중요한 환자에 대한 브리핑이나 직원들의 컨디션, 병원의 각종 이슈 등을 나눌 수 있어야 한다.

병원의 가장 최전방에 있는 직원들의 의견을 귀담아 듣는 원장님이 좋은 병원을 만들 수 있다.

직원들의 상태를 살핀다

병원 원장이 직원들을 어떤 존재로 생각하느냐에 따라 병원의 모습이 달라진다. 원장이 직원들을 소중한 존재로 대하면, 직원들 역시 고객에게 친절하고 소중한 마음을 담아 응대한다. 직원들은 원장님의 모습을 닮아가게 된다.

작은 병원이나 동네 병원일수록 직원에 대한 의존도가 높은데, 오래 일해온 직원이 그 병원에 남아 있는 이유가 무엇인지도 살펴보자. 병원에 대한 충성도가 높아서인지, 아니면 단지 업무가 편안해져서인지 등에 따라서도 현재 병원의 운영 상태에 도움이 되거나 피해가 될 수 있기 때문이다.

한편 직원들 중에는 환자에게는 친절하지만 택배기사나 건물 경비, 주차요원 등에게는 다른 행동을 보이는 사람도 있을 수 있다. 이들은 병원의 고객이 아니라고 생각하기 때문이다. 그러나 병원은 누구에게나 친절하고 따뜻한 곳이 되어야 한다. 어디의 누구든 가망고객이 될 수 있다는 점을 기억하고, 이런 태도를 보이는 직원이 있다면 주의하도록 당부한다.

또 직원의 지인이 병원을 찾아오는지도 살펴보자. 병원에 신뢰와 애정이 없다면 직원은 절대 가족이나 지인을 데려오지 않는다. 만약 선뜻 지인을 데려오지 않는다면 병원에 대한 자긍심이 없어서일 수도 있다. 그러므로 직원들부터 지인들에게 자랑하고 싶은 병원이 되어야 한다. 직원이나 그 가족들에게 더욱 신경 써서 서비스한다면, 몸소 그것을 느낀 직원들이 고객에게도 같은 감동을 선사할 것이다.

다만 편안하게 서로 배려하는 것은 좋지만 병원도 일터이기에 '가족 같은' 분위기를 너무 강조하다 보면 직원에게 부담이 될 수도 있다. 또 때로는 원장님의 입장에서는 섭섭함을 느끼게 되는 경우도 있을 수 있으므로 지나치게 허물없는 분위기를 추구할 필요는 없다.

직원의 만족도를 높이는 교육

서비스 교육에 참가하는 이유를 직원들이 알아야 한다

병원에서 직원 교육을 담당하다 보면 나도 때로는 직원이 아닌 원장의 입장에서 생각하게 되는 경우가 많다. 그중 가장 자주 하는 생각은, 직원이 자발적으로 교육을 요청하면 얼마나 좋을까 하는 것이다.

"원장님! 업무를 하다 보니 의료 서비스 자세에 부족한 부분이 있는 것 같아 교육을 요청합니다"라고 스스로 문제를 인식하고 해결방안을 찾는 직원이 있다면 얼마나 다행일까? 이런 상황에서는 원장님도 기쁜 마음으로 협조하겠지만, 무엇보다 직원이 자발적으로 요청한 일인 만큼 교육의 효과나 영향도 그만큼 클 것이다. 하지만 원장님이 반강제로 정해둔 스케줄에 따라 어쩔 수 없이 교육에 참여한다면 어떨까?

직원들이 서비스 교육을 받을 때는 그에 대한 충분한 이해가 있어야 한다. 만일 서비스 교육에 대해 불만이 있다면 이미 여러 교육을 받았기에 다 안다고 생각하는 경우일 것이다. 그러므로 교육 후 직원이 스스로 변화에 대해 성취감이나 자신감을 가질 수 있는 기회를 마련해주는 것도 필요하다. 또 충분한 대화를 통해 해당 교육이 필요한 이유를 공유하는 것이 좋다.

일상적인 대화의 기술을 알려주자

한 병원 지점의 실장이 고민을 털어놓은 적이 있었다. 새로 들어온 직원들이 고객들과 스몰 토크(Small Talk), 즉 일상적이고 소소한 대화를 전혀 나누지 못한다는 것이다. 이 실장님은 직원들이 병원을 찾아오는 고객들에게 무슨 말을 해야 할지 잘 모르겠다고 하기에, "요즘 날씨가 너무 덥죠? 시원한 물 한잔 드릴까요?"와 같이 가볍게 날씨에 관련한 인사를 건네보라고 알려주었다. 그러면 어색한 분위기를 깨고 고객들과 친근감을 높일 수 있고, 진료 후 비용 상담에도 도움이 되며, 고객이 치료를 받으러 병원을 다니는 동안의 컴플레인 요소들도 예방할 수 있을 것이라고 말이다. 그런데도 정작 직원들은 고객 앞에서 어떻게 말을 건네야 할지, 어디까지 말해야 하는 건지 잘 모르겠다고 한다는 것이다.

이후에 내가 직원들과 직접 이야기를 나누며 들어보니, 나이가 어린 직원들은 기본적으로 어른들에게 말을 거는 것 자체를 부끄러워하고 어색해하는 경향이 있었다. 그리고 평소 병원 분위기가 업무 외의 이야기를 가볍게 나눌 수 있는 분위기가 아니어서, 환자가 오면 갑자기 태도를 변화해야 하는 것이 힘들다는 것이었다. 고객들에게 친절하게 다가가고 싶은 마음은 충분히 있지만, 타이밍을 놓치면 실장님에게도 눈치가 보이고 고객에게도 어색하게 눈치만 보게 되어 답답하다고 했다.

그래서 우선 직원들에게 어떻게 하는 것이 좋을지 직접 의견을 내게 했다. 그러자 직원들은 평소에도 실장님과 편하게 대화를 자주 나누고 싶다고 했다. 그리고 고객들과 가볍게 나눌 수 있는 대화의 주제에 대해 더 많이 알고 싶다는 이야기도 했다.

나는 직원들의 의견에 따라 그 병원의 실장님에게 평소 직원들과 식사시간에 환담을 나누거나, 환자가 없을 때는 최근 유행하는 TV 프로그램이나 취미, 관심사 등을 주고받으면 훨씬 관계가 나아질 것이라고 조언했다. 물론 상대방의 종교, 정치, 사생활에는 깊이 관여하지 않고 편안하게 대화할 수 있도록 알려주었다.

이후 그 병원은 실장과 직원의 관계가 이전보다 훨씬 좋아졌고, 직원들이 고객과 이야기할 때는 몸을 앞으로 기울이기도 하고 눈을 맞추고 미소를 짓는 등 태도에도 변화가 일어났고, 자연스럽게 스몰토크를 하게 되었다고 한다. 또 나아가 친절한 직원을 고객이 직접 선발해주는 투표함을 대기실에 비치하여 직원들에게도 힘이 되는 피드백을 얻었다고 한다.

매출과 직결되는 상담일수록 순수하게 접근하라

병원 직원들이 두 번째로 어려워하는 것이 고객과 비용을 두고 상담하는 일이다. 특히 1개월, 3개월, 6개월, 1년처럼 기간이 정해진 패키지 프로그램의 상담은 병원의 매출과 직결되므로 이 일을 맡은 상담 직원은 누구나 부담감을 느낀다. 더구나 병원에서는 매출 증진을 위해 상담하는 직원들에 대한 관심도가 높다.

병원들이 내놓은 구인란에도 '패키지 상담 잘하는 실장', '매출 ○○만 원 해본 직원 우대'와 같은 글귀를 흔하게 볼 수 있다. 인센티브 제도에 따라 직원 대우가 차등화되어 있다면 직원들에게 동기부여가 될 수도 있지만, 부담감과 욕심으로 인해 고객과 잘못 소통하는 경우도 발생한다. 어느 순간부터 고객을 매출로만 연결하여 생각하고 접근하면, 이러한 사실을 눈치챈 고객은 방어적으로 행동하게 되기 때문이다.

나는 병원의 직원 교육을 담당하면서 어떻게 말해야 고객들을 동요시킬 수 있을지, 상담을 잘하는 스킬에는 어떤 것이 있을지 고민했다. 음식이나 옷을 판매하는 홈쇼핑을 온종일 보면서 좋은 멘트를 정리하기도 하고, 매출을 올려주는 상담 기술에 대한 강의를 들어보기도 하고, 책을 찾아보기도 했다. 그러면서 '말 잘하는' 기술도 물론 중요하겠지만, 병원을 찾는 고객마다 각기 원하는 것이 다르기 때문에 고객의 이야기를 경청하면서 자연스럽게 상담이 이뤄지는 것이 가장 중요한 요소라고 생각하게 되었다.

즉, 가장 우선되어야 할 것은 고객이 우리 병원을 선택한 이유를 생각하고, 내가 상담을 통해 무엇을 해줄 수 있으며 어떤 조언을 할 수 있는지 고민하는 것이다. 그러려면 먼저 병원을 찾는 고객에게 꼭 필요한 도움을 주고 치료를 잘 이끌어주겠다는 마음이 있어야 한다. 진정성을 가지고 순수하게 소통하면서 적절한 도움을 줄 수 있도록 대화한다면 패키지 프로그램의 상담에도 도움이 될 것이다.

한편 아무리 도움이 되는 이야기라고 해도 고객에게 계속 좋은 장점만 나열해서 이야기하는 것도 좋지 않다. 고객의 집중력이 흐트러지면 다시 집중할 수 있도록 환기시켜주는 등 어느 정도의 요령이 필요하다.

가격에 대한 대화에서는 고객이 어느 정도를 예상하고 있는지, 유사한 치료를 받아본 적이 있는지 등을 질문하면서 환자가 원하는 정보를 전달하고 상황에 맞게 상담을 이끌도록 한다. 고객의 감정에 공감해주는 것도 필요하지만 고객이 질환 치료를 통해 최대한 원하는 효과가 나타날 수 있도록 이야기를 이끌어가야 한다.

패키지 프로그램 상담 시의 주의사항은 다음과 같이 정리할 수 있다.

- 고객이 걱정하는 근본적인 원인을 들여다보며 이야기에 공감하고 대화를 이끌기

- 고객과 비슷한 연령층, 비슷한 질환을 겪은 고객의 성공사례를 보여주며 긍정적 메시지 전하기
- 치료 후에 변화될 모습과 기대효과에 대해 이야기하기
- 다음 내원 때까지 지켜야 할 생활습관 약속하기
- 고객과 의료진이 함께해야 좋은 결과를 낼 수 있다는 마음을 진솔하게 전하기

직원 교육의 효과는 오래가지 않는다

직원 교육은 분명 효과가 있지만 그리 오래가지 않는 편이다. 친절하고 질 높은 서비스를 병원의 콘셉트로 하는 병원이라면 정기적인 교육만 진행할 것이 아니라 체크리스트를 만들어 교육 후의 상황도 관리하는 것이 좋다. 그래서 교육 후 잘 실천하고 있는 직원들에게 칭찬이나 보너스 또는 승진 기회와 연봉협상 조건 등을 통해 보상함으로써 다른 직원들에게도 동기를 부여하고 긍정적인 분위기를 이끄는 것이 중요하다. 친절하고 질 높은 서비스가 병원의 큰 경쟁력임을 느끼게 하자.

또한 CS 교육만이 아니라 직원들의 연령대에 맞는 관심사, 자기계발, 일상의 소중함, 관계의 소중함, 꿈에 관한 강의와 교육 프로그램 등을 함께 진행하면 더욱 좋을 것이다.

보상이 직원들을 바꿀 수 있을까?

물질적인 보상이 반드시 좋은 결과를 가져오는 것만은 아니다. 어느 순간 보상을 당연시하거나 보상이 있어도 힘겨워할 수도 있다. 하지만 원장님이 모범을 보이고, 병원의 비전도 확고하다면 직원들은 분명 만족스러운 결과를 내기 위해 지속적으로 노력하게 된다.

한편 실장 등 상급자의 분위기가 부정적이거나 이미 많은 교육을 시켜보았지만 직원들이 변화되지 않는다면, 한 사람이 전체 분위기를 좌지우지할 수도 있다. 모범이 되어야 할 사람이 잘못된 행동을 하는 것을 그대로 두게 되면 다른 직원들도 동요하게 되고, 결국 병원을 떠나는 일도 생긴다. 반대로 실장급 상급자 혼자 아무리 애쓰며 친절한들, 다른 직원들이 무뚝뚝하고 성의 없는 서비스를 하고 있다면 역시 긍정적인 시너지를 내기 어렵다.

변화가 익숙해지고 습관으로 정착하기 위해서는 많은 시간이 필요하다. 친절한 미소와 행동이 직원들 사이에 자리 잡을 때까지 반복하고, 기다리며, 응원해주자.

신입 직원들을 위한 슬기로운 병원생활

20대 초반의 직원들이 많은 병원은 직원들의 적응 상태를 더욱 세심히 파악해야 한다. 직원들을 더 꼼꼼하게 살펴보고 필요한 부분에 대한 서비스 교육도 실시하자. 아픈 환자들에게 공감하고 친절하게 대응하는 방법을 가르쳐주고, 환자 응대에 대한 매뉴얼도 정리하여 올바르게 적용하고 있는지 살펴보자. 사소하게 여겨질 수도 있지만, 아래와 같이 어법에 맞지 않는 존대를 사용하는 경우도 많다.

- 보관하신 물건 여기 있으십니다. → 보관하신 물건 여기 있습니다.
- 진료실로 가실게요. → 진료실로 안내해드리겠습니다.
- 화장실은 이쪽이십니다. → 화장실은 이쪽입니다.

그 밖에도 직원들 사이에 지켜야 할 예절과 행동이 있다. 자유로운 분위기는 좋지만 그것이 지나쳐서 예의가 뒷전이 되거나 직장의 규칙을 해치고 있다면 문제가 된다. 특히 병원은 환자들의 건강을 다루는 곳이며 위험한 도구들도 가까이 있기 때문에 더욱 조심성이 필요하다. 예의와 격식에 맞는 행동이 왜 중요한지 설명해주자.

상사와의 관계에서 중간보고 및 커뮤니케이션이 원활해야 한다는 점도 강조하자. 상사의 입장에서 가장 답답한 것은 지시한 일이 어디까지 진행되고 있는지 모를 때이다. 그러나 직원들의 입장에서는 정확한 답변을 형식에 갖춰 만들어 오느라고 시간이 더 걸리는 경우가 있으니, 급한 사항들은 굳이 딱딱한 형식 없이 그때그때 소통할 수 있도록 하자.

직원들과 함께하는 아침 조회 시간을 만드는 것도 좋다. 대형병원이 아니라면 일반적으로는 직원들이 출근하여 청소를 하는 등 환자들을 맞이할 준비를 할 것이다. 청소에 쏟는 에너지 대신 아침 조회를 하면서 서로의 컨디션을 확인하고, 서로에게 기분 좋은 이야기를 전달하거나 그날 처리해야 할 중요한 사항들을 공유해보자. 아침 시간이 의미 있고 즐거우면 하루를 대하는 태도가 달라진다.

행복한 직원이
환자가 찾는 병원을 만든다

직원은 대우받는 만큼 움직인다

"아니, 왜 이렇게 열심히들 안 하는 것 같지?"

"누가 시키기 전에 먼저 할 일을 찾으면 얼마나 좋아?"

성실하게 출퇴근 시간을 지키며 본인들의 일을 열심히 해내고 있고 매뉴얼대로 하는 직원에게 주인의식까지 있다면 더욱 좋을 것이다. 그러나 직원들에게 무작정 '병원의 주인처럼 일했으면 좋겠다'고 요구하는 것은 특히나 젊은 세대에게는 받아들여지기 힘들다.

직원은 병원의 주인이 아니기 때문에 주인처럼 행동할 수 없다. 누구나 받은 만큼만 일하고 싶어 한다. 즉 직원은 대우받는 만큼 움직인다.

내가 생각하는 주인의식의 정도는 대기실에 먼지가 굴러다니면 먼저 집어 쓰레기통에 넣고, 화장실 휴지가 떨어지면 대신 채워두고, 말라가는 식물이 있으면 잎도 떼어주고, 물을 주는 등 필요한 행동을 스스로 하는 것이다.

주인의식을 거창하게 받아들이지 말고, 이렇게 조금씩만 더 자발적으로 행동한다면 좋을 것이다.

직원이 행복해야 병원과 환자, 원장님이 행복하다

많은 병원 관련 서적에서는 공통적으로 직원이 행복해야 병원이 행복하다고 언급한다. 나 역시도 매우 공감한다. 하지만 그만큼 쉽지 않은 부분이기도 하다. 그런데 직장에 만족하고 행복한 한 명의 직원이 과연 얼마만큼의 환자를 만족시키기에 이런 이야기들이 나오는 것일까?

나는 병원에 근무하면서 직장에 대한 만족도가 매우 높은 편이었다. 무엇보다 환자들이 치료되는 과정을 보며 보람을 느꼈다. 어려운 치료를 위해 지속적으로 노력하는 원장님의 진실된 모습도 보았고, 내가 노력하는 것에 대해 알아주는 실장님도 계셨다. 일하는 게 즐겁고 만족스러운 표정이 겉으로 드러나, 미소로 환자를 응대했다. 많은 환자들에게 우리 병원의 치료 방법에 대해 자신감 있게 상담할 수 있었다. 자연스레 환자들도 나를 찾아 상담을 청해왔고, 소개 환자도 많이 늘었다.

이처럼 병원의 이미지에 가장 많은 영향을 끼치는 것은 어쩌면 의료진이 아니라 고객과 자주 접촉하는 직원들일 수도 있다. 다만 혹시라도 원장님이 직원을 방치하여 단지 편하고 스트레스가 없어서 만족하고 있는 상태라면 좋은 상황이 아니니, 빨리 파악하여 알맞은 조치를 취해야 한다.

다음과 같은 부드럽고 사소한 칭찬의 말들도 직원을 행복하게 한다. 단, 칭찬은 특별한 일을 했을 때보다 일상의 일을 잘하고 있을 때 하는 것이 더욱 효과적이다.

- 어서와요, ○○선생님.
- 오늘도 수고 많았습니다.
- ○○선생님 인사는 언제나 기분이 좋습니다.
- 끝까지 상담에 집중하는 모습이 좋았습니다.
- △△이 쉬운 일이 아닌데, 열심히 노력하는 모습이 멋집니다.
- 전에는 □□ 때문에 불편했는데 덕분에 정말 좋아졌네요.
- ○○선생님 실력은 알아줘야 해요.
- 이거 처음 해보는 일 같지 않은데요?
- 고맙습니다, ○○님.
- ○○선생님, 정말 좋은 생각이에요!
- 바로 그거네요!

직원에게 권한을 부여하라

환자로부터 존경받고 싶지 않은 의사는 없을 것이다. 마찬가지로 병원에서 근무하는 직원들 역시 고객들에게 존경받는 직원이 되고, 인정받고 싶어 한다. 이때 병원에서 일하는 직원이란 대표 원장을 제외한 진료 원장, 데스크와 치료실의 모든 직원들을 말한다.

내원하는 고객들에게 제공되어야 하는 서비스는 의료 서비스만이 아니라 진료 예약, 내원 안내 등 다양하다. 원장은 직원들이 사명감과 책임감을 갖고 일할 수 있도록 직원의 업무 영역 안에서 일정한 권한을 주어야 한다. 상담실의 실장이 고객에게 제시한 약속을 지킬 수 있도록 하고, 데스크에서 예약한 시간을 지킬 수 있도록 직원들 각자의 업무를 잘 배분하고, 환자들에게 집중할 수 있도록 소통해야 한다.

병원의 문제를 어떻게 개선할 수 있을지 의견을 나누고 범위를 결정하는 것이 원장이 해야 할 일이다. 다만 무책임하게 권한을 함부로 주었다가는 생각지 않은 고객들의 컴플레인이 생길 수도 있으므로, 신중하게 결정하고 기준을 세워야 한다.

사명감이 남달랐던 직원의 뒷모습

항상 밝고 에너지가 넘치는 실장이 있었다. 늘 좋은 얼굴로 내원하는 환자들과 다정하게 이야기하고 패키지 티케팅도 매우 잘해서 매출도 높이던, 정말 완벽해 보였던 사람이다.

그런데 알고 보니 평소 근무 태도에서는 지각과 무단결석을 밥 먹듯이 했고, 이 부분이 결국 개선되지 않아 병원에서 나가게 되었다.

이후 다른 실장이 인수인계를 받게 되었는데, 그때까지 병원 내부에서 전혀 알지 못했던 내용이 발견되었다. 패키지를 계약했던 환자들로부터 강력한 컴플레인이 발생하기 시작한 것이다. 이전 실장이 병원의 방침과는 별도로, 자기 임의대로 병원 제품을 서비스로 더 준다고 약속했거나, 비용 할인에 대해 약속을 한 사실이 드러났다. 일단 고객이 결제만 하면 그다음에 벌어질 일에 대해서는 책임지지 못할 이야기를 남발했던 것이다.

부랴부랴 병원 상황에 대해 설명을 자세히 드리고 양해를 구했지만, 실장의 무책임한 약속으로 결국 병원은 고객과의 신뢰가 깨지는 상황이 벌어졌다.

상담이 실패한 이유를 같이 추적해보자

상담은 언제나 현실적으로 고객에게 제공할 수 있는 것을 솔직하게 전달해야 한다. 직원들이 고객 상담을 어떻게 했는지 원장이 일일이 확인하기는 힘들다. 하지만 만약 직원이 고객 상담에 자주 실패한다면 실패 요인을 찾는 것은 함께할 수 있다.

우선 상담 직원에게 상담일지를 기록하게 해보자. 고객을 잡기 위해 실행하지 못할 이야기를 꺼내지는 않았는지, 혹은 공감 없이 너무 딱딱하게 이야기한 것은 아닌지 등 상담이 실패한 상황을 함께 돌이켜보면서 의견을 나눠보는 시간을 갖자.

고객들의 무리한 요구에 상담실장이 당황하거나 힘들한다면, 더 나은 제안을 할 수 있도록 의견과 권한을 주어 좀 더 효율적인 상담이 될 수 있도록 한다. 그러면 상담 직원 역시 고객들과 더욱 책임감 있게 상담하게 될 것이다.

직원의 자존감을 세워주는 원장님의 한마디

아픈 고객들을 상대하다 보면 힘들 때가 많다. 병원 직원들은 그로 인해 자존감에 상처를 받는 경우도 있는데, 의료진 앞에서는 순한 양처럼 굴다가 직원들에게는 거꾸로 까탈스럽게 굴거나 막말을 하는 환자들을 겪고 나면 특히 그렇다. 나도 병원에서 일할 때 간혹 몇몇 환자들이 "의사도 아닌 게!"라며 무례하게 대하여 힘든 적이 많았다. 나도 분명 진정성 있게 아픈 사람들을 돕고 좋은 일을 한다고 자부했는데, 이런 일이 생기면 의외로 큰 충격에서 벗어나지 못하기도 한다. 하지만 그때마다 나는 다시 정신을 차리고 생각했다.

'그래, 원장님을 보고 다시 열심히 일해보자!'

병원 직원들은 고객을 위해서 일하기도 하지만 결국 자신의 능력을 먼저 알아봐주고 인정하고 선택해준 원장님을 보고 일하기도 한다. 나 역시 원장님의 얼굴을 보고 힘을 얻는 경우가 많았다.

고객 응대, 예약, 상담, 고객관리가 모두 의미 있는 일이라고 응원해주는 원장님의 한마디는 직원에게 병원에서 일할 목적과 의미를 분명하게 해준다. 의사가 경험을 쌓아 치료에 성공한 사례들을 축적시켜 실력을 증명하는 것처럼, 직원에게도 병원 일이 힘들 때 자꾸 꺼내 보고 힘을 낼 수 있도록 증명된 성공 사례가 필요하다.

직원들이 하는 일에 대한 성공 포트폴리오를 함께 만들며 성장할 수 있도록 돕자. 상담일지를 통해 성공한 사례를 공유해도 좋고, 병원 환경 꾸미기와 관리를 잘했을 때 직원들이 수고한 모습을 사진으로 찍어 대기실에 걸어두는 것도 좋다. 직원들은 개개인마다 장점이 있고 특징이 있음을 인정해주고, 장점을 살려 일에 응용할 수 있도록 해준다면 이는 결국 높은 병원 매출과 좋은 병원 분위기로 돌아올 것이다.

'직장 부심'이 있어야 동기부여도 된다

직원들 스스로 자신의 직장에 대한 자부심이 있어야 자연스럽게 동기부여도 될 수 있다. 내 경우처럼 다행히 병원과 의료진, 직원들 사이에서 추구하는 비전과 행동이 일치하여 보람도 느끼고 만족하며 더 열심히 일해야겠다는 동기가 부여된 경우도 있지만, 여러 가지 이유로 그런 상황이 되지 못하는 경우도 있다. 적어도 자신이 속한 단체가 공평한 기회를 주고 일을 통해 성취감을 얻을 수 있으며 자부심을 느낄 수 있는 곳이어야 최소한의 동기부여가 되기 때문이다.

내가 선택하고, 선택받은 병원이 단지 월급을 주는 직장이 아니라 하루 일과가 보람되고 효율적이며 서로가 발전하는 공간이 되면 얼마나 좋을까?

당장 내일이라도 직원들과 각자의 꿈이 무엇인지, 이루고 싶은 미래는 무엇인지 이야기해보자. 자연스럽게 식사를 하며 물어도 좋고, 면담을 통해 진지하게 이야기를 나눠봐도 좋다.

"내가 이렇게나 많은 복지를 해주는데 우리 직원들은 감사한 걸 몰라요"라고 생각하는 원장님이 있다면 과연 지금 병원의 복지가 직원들을 위한 복지인지, 또 직원들이 실제로 얼마나 만족스러워하는지 다시 세심히 살펴볼 필요가 있겠다.

병원의 시스템은 대부분 환자 중심으로 이뤄져 있지만 고객의 만족을 일으키고 매출을 발생시키는 것은 직원들이다. 물론 모든 것을 직원에게 맞추고, 해야 할 말까지 하지 말라는 것이 아니다. 직원에게 직무에 대해 당당히 요구할 것은 요구하고, 해줘야 할 것은 해주는 파트너 관계가 되어야 함께 좋은 병원을 만들어갈 수 있다.

직원에게 병원의 비전, 미션, 가치를 보여주자

우리 병원에 직원들의 롤모델이 없다면? 아쉽지만, 굳이 롤모델 없이도 직원 스스로 괜찮은 사람이 될 수 있도록 도와줄 수 있어야 한다.

병원의 목표와 이상향을 이루기 위해 직원이 실행할 수 있는 현실적인 행동 지침을 세워주자. 직원들은 그것을 따르는 과정에서 본인들이 일을 잘하고 있는지 확인받고 싶어 할 것이다. 직원을 대우해주고 함께하는 파트너임을 상기시켜주며, 발전의 기회를 평등하게 부여하고, 책임감과 소속감을 느끼도록 해주자. 진료에 대한 믿음을 줄 수 있도록 노력하자.

반면 병원의 비전, 미션, 가치를 보여주는데도 불구하고 함께 뜻을 모으지 못하는 직원, 전체적인 흐름을 좋지 않은 방향으로 이끄는 직원이라면 과감하게 정리하자.

병원의 분위기에 따라 실제로 병원 매출도 변동 폭이 크지만, 진료실에만 있는 원장님은 때로 그것을 잘 눈치채지 못할 수도 있다.

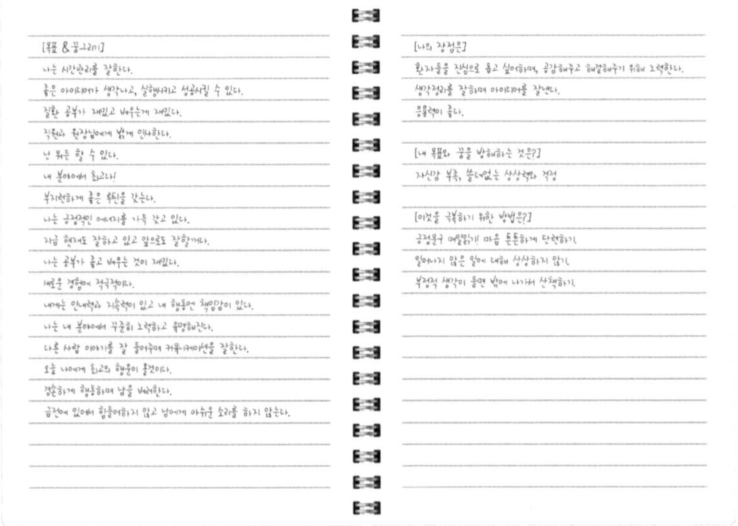

이루고 싶은 목표와 꿈을 현재 진행형으로 상상하며 쓴 노트

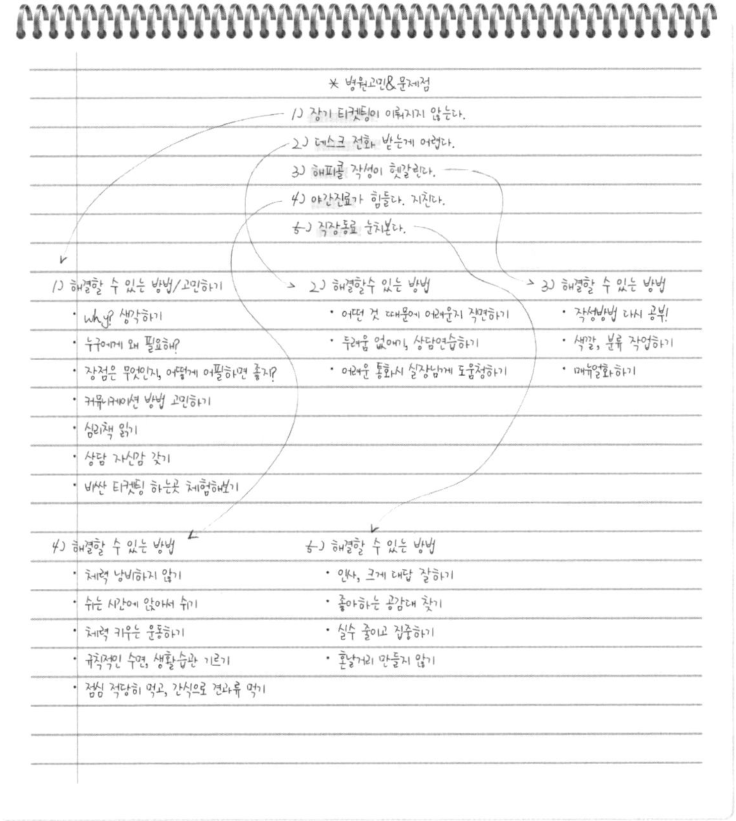
* 병원고민&문제점
1) 장기 티켓팅이 이뤄지지 않는다.
2) 데스크 전화 받는게 어렵다.
3) 해피콜 작성이 헷갈린다.
4) 야간진료가 힘들다. 지친다.
5) 직장동료 눈치본다.

1) 해결할 수 있는 방법/고민하기
- why? 생각하기
- 누구에게 왜 필요해?
- 장점은 무엇인지, 어떻게 어필하면 좋지?
- 커뮤니케이션 방법 고민하기
- 심리책 읽기
- 상담 자신감 갖기
- 비싼 티켓팅 하는곳 체험해보기

2) 해결할수 있는 방법
- 어떤 것 때문에 어려운지 직면하기
- 두려움 없애기, 상담연습하기
- 어려운 통화시 실장님께 도움청하기

3) 해결할 수 있는 방법
- 작성방법 다시 공부!
- 색깔, 분류 작업하기
- 매뉴얼화하기

4) 해결할 수 있는 방법
- 체력 낭비하지 않기
- 쉬는 시간에 앉아서 쉬기
- 체력 키우는 운동하기
- 규칙적인 수면, 생활습관 기르기
- 점심 적당히 먹고, 간식으로 견과류 먹기

5) 해결할 수 있는 방법
- 인사, 크게 대답 잘하기
- 좋아하는 공감대 찾기
- 실수 줄이고 집중하기
- 흔날거리 만들지 않기

병원에 대한 고민과 해결 방안을 적어놓은 메모

5장

병원의 개원부터 관리까지

병원 개원 준비는 이렇게

병원 개원의 매력

처음 개원을 하는 원장님들의 모습을 보면서 정말 개원이 쉽지 않구나 하고 느꼈다. 여유 있게 시간을 두고 준비해도 결국 마지막에는 정신이 없어 꼭 빠뜨리는 것들이 생기거나, 해야 할 일들을 하지 못하는 경우들도 보았다. 단순히 물품을 구비하고 직원을 세팅하는 것 외에도 병원을 경영하고 마케팅해야 하는 등 각각의 단계 모두 쉬운 일이 아니다.

원장님들은 같은 직업군, 같은 고민을 가진 사람들이 모이는 커뮤니티에서 개원 관련 정보를 찾거나, 미리 개원을 해본 선후배, 지인들을 통해 개원의 에피소드와 개원 시 챙겨야 할 팁 등을 전해 듣는 경우가 많다. 내가 이 책을 쓰게 된 이유는 나의 경험담들을 정리하면서 병원 개원에 대해 더 많이 배우고 성장하기 위해서이다. 또 그동안 개원하는 원장님들을 도우면서 해온 일들이 너무 재미있고 성취감을 느끼게 했기 때문이기도 하다. 가끔은 '왜 매출이 더 오르지 않을까?'라는 고민도 하면서, 늘 머물고 있던 자리와 환경에 안주하는 것보다 좀 더 나를 움직이게 하는 더 높은 목표와 성취감을 느낄 수 있는 도전이 필요하다고 생각했다. 그 첫 번째 도전으로 이 책을 쓰기 시작한 것이다.

나의 경험들을 토대로 앞으로 개원을 준비하는 원장님들이 마음의 짐과 에너지를 조금이나마 줄일 수 있기를 바란다.

개원 준비의 첫 단추

개원 준비를 시작하기 전에 한 번쯤은 나를 돌아보는 시간을 가지고 100문 100답을 작성해보는 것을 추천한다.

원장님들과 본격적인 개원 준비에 앞서 나는 100문 100답을 준비했었다(100문 100답이 너무 많다고 하여 나중엔 45문항으로 줄였다). 네트워크 병원 본사의 다른 직원들은 개원에 앞서 원장님들을 만나 미팅하거나 대화를 나누며 파악할 기회가 많지 않았기 때문에, 내가 먼저 아이디어를 내어 시작했다.

좋아하는 색깔부터 싫어하는 사람의 유형, 어렸을 때의 장래희망, 한의사가 되기로 결심한 이유, 어떤 한의원의 모습을 상상하는

지, 직원들과는 어떻게 지냈으면 좋겠는지 등 개원하고 싶은 병원의 모습과 분위기를 미리 알아차릴 수 있었고, 병원코디네이터의 입장에서도 어떤 부분을 신경 써서 소통하고 도와드려야겠다고 생각할 수 있는 좋은 자료가 되었다.

개원을 준비하는 원장님이라면 스스로 질문하고 답하여 서식으로 남겨두면 된다. 왜 병원 개원을 지금 시기에 하기로 다짐했는가? 어떤 메시지를 담은 병원 경영을 하고 싶은가?(방향성, 철학, 브랜딩이 될 수 있다) 직원들은 몇 명 정도면 될까? 어떤 성향의 사람들이면 좋겠고, 어떤 업무를 맡았으면 하는가? 등 마치 남이 내 병원 옆에 똑같은 콘셉트로 개원한다고 가정하고 끊임없이 생각해본다. 병원의 콘셉트와 방향성에 대해서도 진지하게 고민할 수 있는 기회가 된다.

개원 전에 확실하게 "난 ○○부분의 진료를 특화시킬 겁니다"라고 결정한 원장님들도 있겠지만, 그렇지 못한 채 "개원해서 진료하면서 찾아볼 예정입니다"라고 하는 경우도 있다. 병원의 중심이 될 진료과목과 콘셉트, 타깃층이 구체적으로 정해진다면 개원 시 인테리어를 결정할 때 동선이나 인테리어 소품, 조명 색까지 조화롭게 준비할 수 있다. 또 나중에 부원장이나 직원들을 뽑을 때도 기준이 될 수 있으며, 함께 일하는 동료들이 모두 작성하여 공유한다면 서로를 알 수 있는 좋은 기회가 되기도 한다.

인테리어 결정 시 주의점

병원을 개원할 때 가장 눈에 보이는 큰 부분은 먼저 인테리어로 나타난다.

보통 병원을 개원하기 위한 평균 인테리어 공사 기간은 1개월 +5~7일 정도이다. 업체와의 소통은 얼마나 자주 하고 있는지 살펴보자. 내 경우 네트워크 한의원 인테리어에 대한 가이드를 원장님에게 설명하면 개원 지점의 원장님이 그중에 참고할 것을 녹여 인테리어 사장님과 도면을 정하고 콘셉트를 잡아가곤 했다.

인테리어를 시작하면 선택과 결정의 연속이다. 미리 경험해보았다면 별 어려움이 없겠지만 아무래도 부담스러운 부분이다. 따라서 벤치마킹할 병원이 있다면 환자가 되어 많이 둘러보고, 참고할 사항들을 수집해보는 것이 좋다. 고객들을 위한 병원 인테리어 역시 아는 만큼 보인다.

"인테리어는 전문가가 있으니 전문가에게 맡기면 되지 않겠습니까?"

맞는 이야기긴 하나, 내 병원을 개원하는 것이니 내가 원하는 방향을 설명할 수 있을 정도는 되어야 한다. 요즘은 인테리어 업체들도 3D 디자인 작업으로 실사와 흡사하게 미팅 브리핑을 준비해주지만, 도면을 처음 보면 잘 감이 오지 않을 수도 있다. 개원 전 인테리어 도면을 보고 함께 고민하고 상의하는 것은 무척 중요한 일이다. 인테리어 업체를 선정할 때 병원 인테리어 경험이 없는 업체를 선택하는 경우가 있는데, 이런 경우 틀에 박힌 병원 인테리어에서 벗어난 독특하고 색다른 인테리어를 추천받을 수 있다는 장점이 있다.

하지만 한편으로는 경험의 부족으로 병원의 시스템과 동선을 충분히 이해하지 못하고 작업을 진행하거나, 병원에서 중요하게 생각하는 공간의 활용도나 동선보다는 전체적인 디자인의 느낌을 더 중시할 수도 있으므로, 항상 인테리어 시작 전 꼼꼼하게 묻고 소통하며, 원만하게 협의가 되는 업체를 선택해야 한다. 볼 때는 예쁘고 고급스럽다 해도 막상 직원이나 환자들이 공간을 사용할 때 불편한 문제가 생길 수도 있다. 예를 들어 진료실에 들여놓을 가구와 치료기구들, 환자가 앉을 자리에 대한 동선은 확보되어 있는지, 치료실 커튼 걸이의 길이와 폭은 무엇을 기준으로 정해졌는지, 수납하는 곳은 잘 가려져 있는지, 어떤 물건들을 수납할 공간인지 등에 따라 크기가 결정되어야 한다. 수납공간이 부족하거나, 환자들이 훤히 다 보이는 높이에 수납공간 하나 없이 데스크를 배치하거나, 치료 준비를 하는 공간을 빠뜨리는 등의 실수가 생겨 결국 추후에 재공사를 해야 하는 경우도 흔하게 발생한다.

한편 개원 날짜에 맞춰 인테리어는 어느 정도 진행되었으나 소소한 공사 작업 마무리가 남아 있는 경우가 있다. 혹은 개원 후 발생하는 문제들(세면대 물 빠짐, 문고리 고장, TV 연결 등), 환자들이 이용하면서 생기는 불편사항들에 대해 인테리어 보수나 사후관리에 대해서도 확인하고 비용에 대한 잔금 처리를 하는 것이 좋겠다.

개원을 준비할 때는 원장님들이 알아보고 결정할 것들이 너무 많은 나머지 인테리어에 대해서는 "알아서 잘 해주세요"라고 맡겨버리는 경우가 있는데, 공사가 진행되고 나서 되돌리려면 시간과 비용의 낭비가 클 수 있다. 인테리어 공사는 디자이너와 조율이 꼭 필요한 작업이라는 것을 잊지 말고 진행 과정부터 꼼꼼하게 챙기며 참여해야 한다.

물품을 준비할 때는 체크리스트를 이용하자

병원 개원을 준비하다 보면 사야 할 물품들이 200가지가 넘는다. 그렇기 때문에 사야 할 물품들에 대한 체크리스트 없이는 세심하게 챙기기 힘들다. 산 물건을 또 결제하는 경우도 있고, 미리 주문했어야 하는 물품들을 개원이 임박해서 뒤늦게 사는 경우도 다반사이다. 물론 펜 몇 개를 조금 늦게 샀다고 해서 개원을 못 하거나 큰 일이 나는 건 아니지만, 환자 진료에 꼭 필요한 검진기구나 결제 단말기가 없다면? 불편을 느낀 고객은 병원을 신뢰하지 못할 것이다.

대기실에 필요한 것, 진료실에 필요한 것, 데스크 물품 등 장소에 따라 필요한 것들을 적어보자. 물품 주문 역시 원장님이 직접 주문해야 할 것들과 직원이나 인테리어 업체가 준비할 수 있는 것들로 나눌 수 있다. 주문해서 배송이 오래 걸리는 맞춤 가구, 보고 사야 할 전자제품, 인테리어 마감 후에 들여올 물품, 인터넷 쇼핑으로 간단하게 처리할 수 있는 물품 등을 구분하여 체크리스트를 만들어두면 훨씬 수월하게 준비할 수 있을 것이다.

병원의 환경관리도 체크하자

익숙함은 우리의 시선을 무디게 한다. 처음 개원하는 곳이야 깨끗한 환경에 새 제품들로 가득하겠지만, 두세 달만 지나도 개원 선물로 받았던 싱싱한 식물들이 병원 대기실 구석에 말라 죽어 있고, 치료준비실은 수북하게 먼지가 쌓여 있고, 탈의실 머리빗에는 머리카락들이 엉켜 있는 경우도 생길 수 있다. 별것 아닌 것 같은 곳에서 환자들은 병원의 이미지를 기억한다.

예를 들어 원장님이 "식물들이 죽지 않게 잘 돌봐주세요"라고 직원에게 말하면 잘 관리될 거라고 생각하겠지만, 정작 직원들끼리는 누가 언제 이 일을 해야 할지 난감할 수 있다. 이럴 때는 "한 달에 한 번만 같은 날에 식물들 물을 쫘~악 줘봅시다. 9월 1일 식물에 물주기 시작은 제가 할게요! 10월 1일은 실장님, 11월 1일은 김 선생님 순서로 관리해보면 어떨까요?"라고 정확하게 의견을 제시하자.

병원 환경의 다른 부분도 마찬가지이다. 오픈했을 때부터 몇 년째 같은 곳에 오래된 병원 홍보 포스터가 붙어 있거나, 봄에 예방해야 할 건강수칙이 여름, 가을, 겨울을 지나 몇 년째 붙어 있다면? 물론 새로운 사람들이 항상 오는 곳인데 어떠냐고 할 수도 있지만, 내원하는 고객들은 지루하게 여길 수 있다. 포스터와 같은 홍보물은 주기적으로 꼭 바꿔주자. 개원 초기에 위의 사례 같은 규칙을 정하면 직원들도 쉽게 이해하고 움직인다.

치료실에 치료하러 가다가도 바닥에 머리카락이나 휴지가 보였을 때 원장님이 고개 숙여 직접 줍는 모습을 보이는 등 솔선수범하면 직원들도 따른다는 사실을 꼭 기억하자.

지인들에게 개원 선물로 요청하기 적당한 것은?

개원을 축하하기 위해 싱싱한 생화, 관리하기 쉬운 식물이 선물로 들어오는 경우도 많을 것이다. 예를 들어 스투키는 실내 화학물질을 제거하는 데 뛰어난 효과가 있고 낮에는 이산화탄소 흡수, 밤에는 산소와 음이온 배출을 하는 공기정화능력이 있다. 물도 한 달에 한 번 정도 주면 되므로 관리가 편해 인테리어용으로도 많이 추천하는 식물이다. 뱅갈고무나무는 건조한 환경에 강하고, 물을 자주 주지 않아도 되어 관리가 쉽다. 넓은 연둣빛의 잎이 싱그러워 보이며 먼지 흡착 효과와 실내 습도조절에도 효과가 있다.

사실 개업 축하 선물로 식물을 많이 선택하지만, 받는 입장에서는 그리 환영하지 않는 경우가 많다. 왜냐하면 아무리 관리가 쉬워도 에어컨이나 난방시설 때문에 시드는 등 손이 가기 때문이다.

식물 외에도 인기 있는 선물은 대기실과 진료실에 은은한 향기를 주는 디퓨저, 공기를 씻어주고 냄새를 잡아주는 공기청정기, 건조한 실내의 습도를 조절해주는 가습기 등이 있다. 이처럼 지인들에게는 실제로 병원에 필요한 물품을 요청해 받는 것도 추천한다.

개원 후의 여유 비용도 준비한다

병원을 개원하면 고정 비용으로 지출되는 금액이 생기기에, 이런 부분을 예상해야 한다. 또 개원 뒤에 자리를 잡아 매출이 안정될 때까지는 직원고용 비용, 월세비용, 물품비용 등에 무리가 없도록 5~6개월 정도의 비용을 감안하여 준비해야 할 것이다.

개원 후에는 매달 빠져나가는 비용들을 정확히 체크하고, 얼마의 매출이 생겨야 순수 이익이 생기고, 병원 경영에 무리가 없을지 자세하게 따져보고 기록해두자.

병원 브랜딩, 마케팅에 관해 공부하자

개원을 앞두고 있다면 병원 운영이나 병원 마케팅에 대한 서적을 적어도 5권은 읽어보자. 나도 병원 관련 서적을 자주 보려고 애쓰는데, 여러 권 읽다 보면 대부분 중요한 포인트들이 반복되는 것을 알 수 있다. 물론 저자마다 경험과 견해가 다를 수 있으니, 올바른 병원 운영에 대한 판단은 실제로 병원 경영을 하면서 느끼게 될 것이다. 그러나 업체와 미팅 시 원활하게 이야기할 수 있을 정도로는 병원 마케팅에 대해 사전지식이 있어야 한다. 때로는 비양심적인 나쁜 업체들도 있어, 의료법에 따른 의료광고 위반 사례들로 골치 아픈 경우도 많이 생기니 미리 살펴보아야겠다.

끊임없이 병원 브랜딩을 고민하자. 아무리 코로나19와 같은 위기 상황에도 병원을 방문해야 할 환자들은 계속 병원을 찾는다. 또 지금은 고객이 병원을 검색하고, 선택한 병원에 대해 기대하는 가치만큼 기꺼이 지불을 아끼지 않는 시대이기도 하다. 고객의 가치를 섣불리 판단하려 하지 말고, 고객이 스스로 찾아올 수 있는 병원이 되기 위해 특화된 기술과 브랜드 스토리를 마련하자.

원장님의 체력이 병원의 중심을 지탱한다

병원 경영은 체력전이기도 하다. 원장님의 컨디션이 가장 기본이다. 원장님이 아프거나 피곤하면 환자들을 좋은 에너지로 진료할 수 없을뿐더러 짜증만 늘어 직원과도 마찰이 많아진다.

개원해서 처음에는 체력과 의욕이 넘쳐 치료실 진료를 10분 더 하고, 진료상담도 10분씩 더 한다. 그러다 예약이 많아져 바빠지고 의료진의 체력이 한계에 다다라 이전 모습을 유지하지 못한다면 오히려 환자들의 원성이 쌓일 수도 있다. 한결같은 모습을 지킬 수 있을 정도로 진료 계획을 세우자.

많이 보고 경험하라

앉아서 진료과목만 공부할 것이 아니라 주위를 관심 있게 살펴보며 다니자. 병원을 개원한다고 해서 꼭 병원만 둘러볼 필요는 없다. 그 밖에도 서비스 응대를 참고하고 벤치마킹할 곳은 많기 때문이다.

예를 들어 머리카락을 다듬으러 미용실에 갈 때 고가의 비용을 지불하고라도 이름난 미용실을 찾아가보자. 항상 가던 동네 미용실이 아니라 새로운 곳을 경험해보면서 좋았던 서비스를 기억하고 직원들의 행동도 관찰해보는 것이다.

유명한 셰프들이 있는 레스토랑에서는 전담 매니저가 손님을 응대하고, 음식이 나올 때 음식의 특징과 먹는 방법을 설명해주면서 음식에 대한 기대감을 높인다. 이런 부분을 보면서도 병원에 적용할 수 있는 좋은 팁을 얻을 수 있다. 호텔의 고급 스파와 피부 관리를 즐길 수 있는 곳들도 찾아가볼 수 있다. 그곳에서 고객을 응대하는 모습을 살피고 어떤 도구와 인테리어, 그 장소만의 향을 나타내는지 느낌들을 상세히 기록해보고 병원 개원 시에 참고해보자.

통계에 익숙해지자

병원 경영에 중요한 매출 진료과목, 혹은 병원 경영에 목표와 목적을 두고 있는 것이 있다면, 그곳에는 꼭 통계표를 마련하자.

원장님들 중에도 유독 숫자와 통계에 약한 분들이 많다. 자료가 필요해진 뒤에 준비하려면 과거 데이터부터 모두 뒤져서 찾아 기록해야 하므로 힘들어진다. 개원 초기부터 꼭 필요한 통계들을 엑셀 등으로 작업하여 기준을 잡아가야 한다. 예를 들어 간단하게는 요일마다 내원 수를 체크하거나, 질환별, 나이대별로 환자 수를 구분할 수 있다.

통계는 치료의 효과나 결과를 나타낼 수 있는 중요한 증표이기도 하며, 논문이나 학술대회, 책을 발간할 때도 좋은 자료로 참고할 수 있다. 또 마케팅 예산을 분배하려고 할 때에도 통계를 보며 결괏값이 증가하고 감소하는 수치를 확인할 수 있으므로 반드시 필요하다.

| 병원 개원 7년 차가 알려주는 개원 전 알았으면 좋았을 것들 |

- 지역과 상권 내 몇 개의 병원이 생기고 없어졌을까?
- 상권 내 경쟁 병원의 영업기간은 얼마나 되었을까?
- 경쟁 병원의 장점은 무엇일까?
- 경쟁 병원의 단점은 무엇일까?
- 보험과 비보험의 비율은 어떻게 다를까?
- 환자 1인당 객단가는 얼마로 예상할까?
- 진료 원장 1명당 평균 매출은 얼마로 예상할까?
- 하루 평균 진료 환자의 수는 얼마나 되어야 할까?

고객 응대와 관리 프로세스 설계하기

고객의 니즈를 찾는다는 것

나는 시부모님이 집을 방문하기 하루 전이면 꼭 준비하는 일이 있다. 첫 번째는 바로 쌀통을 채워두는 것이고, 두 번째는 쌈 채소를 준비하는 것이다. 평소 전화 통화를 하거나 집에 들르실 때마다 가장 먼저 쌀 걱정을 하시는 걸 알기 때문이다.

이런 시부모님의 걱정을 알고 나서는 미리 쌀통을 채우고 냉장고에 반찬이 잘 보이도록 세팅해둔다. 또 식사를 하실 때마다 쌈 채소를 즐겨 찾으셔서 밥을 차릴 때 알록달록 예쁜 쌈 채소를 준비한다.

이번 만남에서도 시부모님께서는 아주 만족하며 귀가하셨다. 무엇을 어떻게 해야 시부모님과 즐거운 만남을 가질 수 있는지 알기에, 준비할 수 있었던 것이다.

다소 생소할 수도 있지만 병원 경영과 관련하여 원장님들이 자주 접하는 단어가 바로 병원 CRM과 MOT일 것이다. 쉽게 말해 위의 경우와 같이 고객의 니즈를 파악하여 계속 즐거운 만남이 되고 만족스러운 결과를 얻기 위해 기본 약속을 이행하는 것이라 생각하면 된다.

병원 마케팅에서 '진실의 순간'이란

MOT는 'Moment of Truth'의 약자로 '진실의 순간'을 말한다. 진실의 순간이란 곧 고객과 병원 직원들이 접촉하는 순간으로, 병원 서비스 품질에 대한 인식에 영향을 미치는 상황이라고 설명할 수 있다.

환자가 병원에 발을 들이는 순간부터 병원 문을 나가는 순간까지의 모든 접점에서 그 순간순간을 만족스럽게 경험했는지, 병원 브랜드에 대해 특별한 가치와 경험을 할 수 있게 준비했는지를 체크해 볼 수 있을 것이다.

병원에서 MOT가 중요하게 이야기되는 이유는 MOT가 잘 관리되면 고객의 만족도를 높여 병원 매출 증대에 도움을 줄 수 있지만, 반대로 고객의 기대를 충족시키지 못하고 한순간 부정적인 인상을 주면 병원 전체의 평가가 부정적으로 변하기 때문이다. 매출이 올랐느냐 떨어졌느냐의 요인도 MOT로부터 시작할 수 있다.

MOT의 구분

많은 책들에서는 병원과 환자의 접점을 하드웨어와 소프트웨어, 휴먼웨어로 나눠 구분하고 있다.

하드웨어는 병원의 환경이나 분위기, 진료시설, 대기실, 편의시설 등 물리적인 공간 및 환경으로, 고객이 물리적으로 체험하게 되는 요소를 이야기한다.

소프트웨어는 병원의 관계자들과 물리적 공간 이외의 모든 온라인·오프라인 서비스를 말한다. 예를 들어 서식지, 검사 안내문, 동의서, 유니폼 등이다.

휴먼웨어는 의료 서비스와 기술을 제공하는 의료진의 진료상담, 직무태도, 직원들의 복장과 표정 등을 말한다.

결국 병원에 내원한 환자가 움직이는 동선에 따라 환자의 요구를 미리 알아차리고 준비된 서비스를 보여준다고 생각하면 된다. 고객은 꼼꼼하게 준비되어 있는 질 높은 MOT 경험을 통해 병원의 브랜드 이미지를 높이 인식하게 될 것이다.

MOT 고객 온라인 맞춤 설계

병원을 방문한 후부터의 MOT 설계뿐만 아니라, 내원 전 고객의 행동 패턴을 예상하고 MOT 설계를 준비해보자. 요즘 고객들은 병원을 내원해서 데스크 직원과 첫 대면을 하는 것이 아니라 인터넷을 통해 홈페이지, 블로그, 카페 등에서 먼저 병원을 만나게 되기 때문이다.

물론 홈페이지가 치료를 받을지 말지 결정하게 만드는 유일한 도구는 아니지만, 병원을 방문하여 치료를 받아봐야겠다는 욕구를 만들어낼 수도 있는 중요한 수단이다. 그렇다면 홈페이지에서 준비되어야 할 중요한 포인트를 알아보자.

첫째, 첫 화면엔 심플하게 원하는 정보가 보이도록 한다. 너무 많은 이야기, 정보들을 담기보다는 쉽고 빠르게 고객이 원하는 것을 클릭할 수 있도록 직관적으로 만들어야 한다. 사람들은 빠르게 이해되는 제품을 구매하는 것이 보통이므로, 병원 홈페이지 역시 중요한 병원의 메시지가 눈에 잘 띄도록 배치해두어야 한다.

둘째, 진료 예약을 눈에 잘 띄게 배치하자. 고객들마다 보고 싶어 하는 페이지가 다를 수 있지만, 원하는 정보를 보고 바로 예약하여 내원할 수 있도록 고객의 시선에 따라 예약 버튼을 잘 보이게 하는 것도 중요한 포인트이다.

셋째, 환자들이 자주 하는 질문과 답변을 준비하자. 홈페이지를 보면서 궁금한 점이 생기면 전화로 상담하기도 하지만, 최근에는 온라인 메신저를 통해 묻는 경우도 많다. 질문사항이 들어올 때마다 그때그때 원장님에게 물어 고객을 기다리게 하면서 응대하는 것보다는 평소 고객들이 자주 하는 질문과 답변을 잘 정리해둔다면 응대 시간을 절약하고, 고객들과 효율적으로 소통할 수 있다.

MOT 고객 실제 내원 설계

온라인에 대한 MOT가 준비되었다면 이제는 내원 시의 MOT 설계를 해보자. 직접 처음 병원을 방문한 고객이 되어, 고객의 입장에서 병원에 도착해서 주차장을 통해 병원을 나가는 그 순간까지 모든 과정을 경험해보는 것이다.

MOT 설계는 다양한 업무와 서비스를 세분화하여 작성한다. 이때는 모든 직원과 원장님이 함께 움직이며 접점별 고객 응대 기준을 만들어야 한다. 이것은 일종의 약속 같은 것이기 때문에 기준안을 두고 지속적으로 교육하고, 반복해서 훈련하고 정기적으로 MOT 서비스를 진단하는 시간을 갖자. 병원을 운영하면서 생기는 고객들의 불편사항들을 MOT 설계에 추가시키며 서비스를 업그레이드할 수 있다.

체크리스트를 활용한 MOT 점검

MOT 설계가 완성되었다면 그다음으로 할 일은 체크리스트를 만들어보는 것이다.

새로 입사한 지 얼마 되지 않은 직원들에게 내가 빼놓지 않고 부탁하는 일이 하나 있다. 바로 환자의 입장으로 우리 병원을 경험한 뒤 MOT 문항을 체크해달라는 것이다.

새로 온 직원에게 체크리스트를 맡기는 이유는 가장 환자와 비슷한 시각으로 병원을 살피고 솔직한 느낌을 이야기해줄 수 있기 때문이다. 이 직원은 환자가 되고, 나머지 직원들은 정말 환자를 대하듯 서로 연기하며 시뮬레이션을 한다. 새로 들어온 직원 외에 다른 직원들은 설계된 MOT를 시행하고, 새로 들어온 직원은 MOT를 경험함으로써 실제로 느꼈던 병원의 장점과 단점에 대해 생각하며, 적극적인 근무 자세로 단점을 개선하거나 장점을 부각시킬 수 있는 자극도 줄 수 있다.

또 우리 병원이 아닌 주위의 경쟁 병원들에도 가보도록 한다. 물론 그냥 휙 둘러보고 오는 정도가 아니고, 체크해야 할 목록을 가지고 가야 한다.

요즘은 홈페이지, 블로그, 인스타그램 등을 통해 인테리어나 이벤트 정도는 쉽게 체크할 수 있기 때문에, 그 외에 직접 환자들이 느낄 수 있는 의료 서비스를 체크하고 환자들에게 상담 시 어떤 부분을 어필하는지, 의료진은 상담 시에 어떤 어투와 비언어적인 행동을 취하는지, 비싼 치료비를 어떻게 설득하고 안내하는지 등을 세심하게 살펴보는 것이 중요하다.

병원의 브랜드를 경험하게 하는 MOT

표절이 이익을 위해 다른 곳의 내용이나 상품을 베끼는 것이라면, 모방은 다른 곳의 상품을 다른 관점으로 재해석하여 새로운 상품으로 탄생시키는 것이라고 할 수 있고, 벤치마킹은 장단점을 분석하여 더 업그레이드된 버전이 나올 수 있게 하는 것이라고 할 수 있을 것이다. 제대로 된 벤치마킹을 하려면 먼저 병원의 약점과 강점을 확실하게 알고, 다른 곳에서 아이디어를 얻어 알맞은 방향으로 발전시키는 것이 중요하다.

병원 MOT의 유무에 따라 그 병원에 대한 신뢰와 호감, 이미지가 변화할 수 있다. 고객들에게 병원의 브랜드에 대해 다양한 경험을 할 수 있게 하는 병원이라면 어떤 조건을 만족시켜야 할까?

여전히 병원의 MOT 설계를 어디서부터 해야 할지 모르겠다면 우선 다른 병원을 방문하여 살펴보고, 어떤 점들이 우리와 다른지 비교 분석해보자. 병원 입장과 동시에 가장 먼저 안내받았던 사항은 무엇인지, 모든 진료가 끝나고 결제하고 나가는 순간에 마지막 인사는 무엇이었는지 생각해보며 정리해두자. 끌리는 점이 있다면 어떤 요소들 때문인지 살펴보고, 우리 병원에 적합한 형식으로 변형시켜본다.

우리 병원의 철학과 가치관과 비슷한 곳이 있다면 그곳을 벤치마킹하는 것에서부터 시작하는 것도 좋다. 꼭 병원이 아니더라도 요즘 인스타그램에서 인기 있는 음식점, 카페, 문화공간 업체 등을 살펴 어떻게 어필하는지 참고하면 된다.

병원 마케팅에서 '고객 관리'란

CRM은 'Customer Relationship Management'의 약자로 고객 관계관리를 말한다. 병원의 고객은 바로 환자이다. 병원 CRM이란 병원과 그 병원 고객들과의 관계를 관리해주는 것을 말하며, 고객들의 중요한 개인정보를 프로그램을 통해서 손쉽게 관리할 수 있게 해주는 것이다.

요즘은 차트 안에 모든 고객 정보를 기입하고 관리까지 할 수 있도록 세팅된 좋은 시스템들이 많이 나와 있다. 중요한 것은 병원 CRM과 MOT는 병원을 찾는 고객이 바라는 것은 무엇인지 고민하기 위해 사용되는 개념이라는 것을 기억하는 것이다.

CRM의 목적

CRM의 사용 목적도 바로 이것을 알아내야 환자의 이탈을 예방하고 방지할 수 있으며, 병원이 운영될 수 있기 때문이다. 마케팅을 열심히 해서 신규 환자가 아무리 많이 온다 해도 관리가 되지 않으면 불만이 생기고, 초진이 재진으로 이어지지 않으며 매출이 떨어져 병원의 운영이 힘들어지게 된다. 초진, 재진, 구환을 모두 관리할 수 있도록 병원에서는 직관적이고 편리하게 시스템을 만들고 실천하는 것이 중요하다.

고객 개인의 욕구를 만족시키고, 병원은 추가로 매출을 증대할 수 있는 진료목록을 늘리고 재진 환자의 소개자 관리를 쉽게 할 수 있기 위해 고객의 내원 경로와 소개자, 매출까지 더욱 꼼꼼하게 챙겨야 한다.

예를 들면 정기적으로 방문하는 고객들이 잊지 않고 방문할 수 있도록 문자 메시지를 보내고, 예약을 취소한 고객에게는 리콜을 하며, 기념일 문자, 약도 발송 등을 할 수 있도록 시스템을 만들어 전 직원이 공유해야 한다. 누가 봐도 알아볼 수 있게 기록만 해두면 모든 직원이 편리하게 일괄적으로 업무를 할 수 있다. 고객이 어디서 유입되고 있는지, 어떤 시술을 받았고 매출은 어떻게 일어났는지 등 병원 운영 현황이 한눈에 보일 수 있도록 하자.

또 지금 우리 병원에는 CRM이 실행되고 있는지 다음의 질문을 통해 간단히 체크해보자.

- 한눈에 들어오는 오늘의 스케줄표는 준비되어 있는가?
- 신규 환자와 재진 환자는 구분되어 있는가?
- 전화가 오면 발신자 정보가 뜨고 신속한 응대를 하고 있는가?
- 예약문자 서비스는 되고 있는가?
- 환자유형별(신환, 재진, 치료중단)로 해피콜 안내 내용은 준비되어 있는가?

CRM과 MOT를 실천하지 못하는 이유는?

CRM, MOT을 실천하지 못하는 것은 교육을 구축하고 매뉴얼을 만드는 것을 어렵게 여기기 때문이다. 또 직원들 관리에 더 많은 시간이 소요된다고 생각하거나, 아니면 CRM & MOT가 설계는 되어 있지만 실행하는 데 실패했기 때문에 방치하고, 대충 기본적인 사항만 겨우 지키는 경우이다.

병원들이 고객의 니즈에 중점을 두지 않거나 굳이 이렇게까지 해야 하나 하고 생각할 수도 있고, CRM과 MOT를 실시하지 않아도 고객이 어느 정도 만족한다고 느끼기 때문일 수도 있다. 하지만 우리 병원을 다른 곳과 차별화하거나 전국으로 네트워크화하여 확장할 계획이 있다면 꼭 필요한 설계임을 알아두자.

| 불만고객 응대 프로세스 |

- 1단계: 고객의 불만을 듣는다
- 2단계: 불만의 원인을 분석한다(이유나 문제가 된 사건의 전말을 알아본다. 당사자인 해당 직원 및 관련된 원장님, 고객 모두의 상황을 정리한다).
- 3단계: 해결책을 검토한다(불만 원인의 해결 정도는 어느 선까지 가능한지 원장님께 확인한다).
- 4단계: 고객에게 해결책을 제안한다(고객의 반응을 살핀 후 원장님과 상의한 대안을 제시한다).
- 5단계: 긍정적인 이미지를 남긴다.
- 6단계: 사과의 타이밍을 판단한다(고객이 받은 부정적 감정에 대해 충분히 경청하고 이해하는 과정을 거쳤다면 그때 충분히 사과한다).

| 불만으로 가득 찬 고객을 이성적으로 만드는 대화법 |

"가능한 한 빨리 이 상황을 해결할 수 있게(파악할 수 있게) 최선을 다하겠습니다."
"제가 알고 있는 내용이 혹시 ~~ 이게 맞나요?"
"빨리 도와드리기 위해 몇 가지 질문을 해도 될까요?"
"고객님 문제를 해결하기 위해 ~ 하고 있습니다. (계속 화를 내는 상황이라면) 계속 화를 내시면 문제를 해결하기 위한 방법을 찾기가 어렵습니다. 대화를 통해 충분히 해결할 수 있습니다."

병원 매뉴얼 만들기

고객을 존중하지 않는 사장?

평소 나는 네일숍에 자주 가는 편이다. 네일아트를 받고 나면 예쁜 손톱 모양을 그대로 유지하고 싶은 마음에 손톱을 물어뜯는 고질적인 습관도 애써 자제하게 되기 때문이다. 그래서 네일숍에 다녀온 뒤 2~3달은 습관적인 행동들을 멈추게 하는 효과를 충분히 본다.

그렇게 만족스러운 손톱 케어를 받고 있던 어느 날이었다. 직원분도 친절하고, 디자인도 맘에 들었다. 거의 마무리가 될 쯤이었을까? 사장이 문의 전화를 받는 모습이 보였다. 그런데 손님과 통화를 하고 나더니 함께 일하는 직원들에게 손님과의 통화 내용을 거침없이 이야기하기 시작했다.

사장은 매뉴얼대로 예약시간과 디자인을 물었지만 손님이 "어떻게 네일숍에 가기도 전에 디자인을 미리 정해요? 못 정하겠는데요?"라고 이야기했다는 것이다. 그 사장은 도저히 이해할 수 없다는 표정으로, 주위에 관리를 받고 있는 손님들이 여럿 있었는데도 "다 설명을 써놨는데 왜 이해를 못 하는지 모르겠네, 왜 이렇게 무식하냐!"라며 마치 친구와 뒷담화하듯 문의 전화를 해온 고객을 헐뜯는 것이었다.

손님들 앞에서 다른 손님의 뒷담화를 하는 모습을 보니 불쾌했고, 그 대상이 내가 될 수도 있겠다는 생각이 들었다. 또 사장이 직원들을 동요시키며 불평을 늘어놓는 것도 놀라웠다. 결국 그 일을 계기로 나는 다시는 그 네일숍에 가지 않게 되었다.

상담과 설명은 구체적으로 한다

고객 서비스라는 차원에서 보면 네일숍이나 병원이나 다르지 않다. 내가 병원에서 경험했던 상황들도 이와 비슷했다. 대기실과 데스크가 불과 몇 미터 되지도 않는 곳에서 다른 환자의 개인적인 사생활을 이야기하여 대기하던 환자들의 귀에 다 들리게 했던 직원, 화장실을 묻는 환자에게 직원이 자신이 앉은 방향을 기준으로 설명하는 바람에 환자가 반대 방향으로 간 경우, 의료진이 어려운 의학용어로만 설명하는 바람에 환자가 전혀 이해하지 못한 채 진료실을 나와 상담실에서 처음부터 다시 상담을 진행했던 경우 등 여러 모습을 관찰할 수 있었다. 이때 매뉴얼이 있다면 굳이 구구절절 설명하지 않아도 직원들은 고객을 응대하는 데 매우 편리하게 적용할 수 있을 것이다.

작은 병원일지라도 직원의 사소한 태도 하나만으로도 이미지가 손상될 수 있다. 하물며 규모가 큰 병원은 어떨까? 매뉴얼이 없다면 많은 직원들이 허둥지둥 불필요한 에너지를 많이 쏟아야 하는 일도 생기게 된다. 병원 매뉴얼이 반드시 필요한 이유이다.

매뉴얼은 전문성이 느껴지도록 만든다

매뉴얼은 어떤 기준으로, 어떤 항목을 담아 짜야 할까?

실제로 병원의 실장들에게 지점 매뉴얼을 만들어보라고 하면 무척이나 부담스러워한다. 매뉴얼을 어떻게 정의하고 사용하느냐에 따라 매뉴얼 제작에 대한 생각은 각자 다를 수 있지만, 최소한 지켜야 할 규칙적인 약속을 담은 것이 매뉴얼이라고 할 수 있다.

매뉴얼이 너무 딱딱하고 정형화되어 있어 오히려 고객서비스에 정(情)이 느껴지지 않는다며 만들지 않았다는 원장님도 있었다. 매뉴얼에 따라 기계처럼 응대한다면 그런 느낌이 들 수도 있겠지만, 이는 태도의 문제이며 이 부분을 수정한다면 금세 해결될 수 있다. 매뉴얼 시스템이 잘되어 있는 병원은 오히려 고객들이 전문적인 느낌이 든다고 평가하는 경우가 더 많다.

"우리 병원은 작아서 매뉴얼이 따로 필요 없어요"라고 대수롭지 않게 이야기했던 원장님도 중요한 직원의 갑작스런 부재와 매출의 하락 원인을 찾을 때는 결국 매뉴얼이 없음을 아쉬워했다. 어떤 직원, 실장이 들어오느냐에 따라 병원 분위기와 매출이 들쑥날쑥하고 직원이 그만두면 인수인계를 하는 데 무척 애를 먹었기 때문이다. 그 병원도 최소한의 매뉴얼이 존재했다면 그렇게까지 힘들지 않았을 것이다.

우리 병원에는 언제, 누가, 직무를 이행해도 똑같이 책임지고 행동할 수 있는 시스템이 있는가?

직원들의 질문을 그대로 받아 적으면 매뉴얼이 된다

매뉴얼은 어떻게 만들면 될까? 꼭 필요한 내용을 담아 직원들이 직접 참여하여 만들어보자.

아마도 주 1회씩은 전체 회의시간을 갖는 병원들이 대다수일 것이다. 이때 질의응답 시간을 갖고 직원 1명당 2~3개씩의 질문을 해서 모아두면 그게 바로 매뉴얼이 될 수 있다. 내가 직원으로 일할 때 만들었던 매뉴얼도 이런 과정을 통해 만들었고, 실제로 유용하게 사용하였다.

직원이 4명이라고 가정했을 때 한 주에 12개, 4주면 48개의 질문을 모을 수 있다. 이렇게 3달이 지나면 144개의 질의응답이 생긴다. 직원들은 가장 최전방에서 고객들과 마주하는 요원들이다. 전화, 예약, 접수, 대기, 진료, 안내, 검사, 수납, 주차 등 각 접점별로 원장님이 몰랐던 부분들까지 가장 현장감 있고 세심한 사항들을 살펴볼 수 있다. 따라서 정말 고객들이 궁금해하는 것, 자주 질문하는 것들, 본인이 업무하면서 궁금증이 생기는 것들을 해결할 수 있다.

내가 신입 직원이었을 때의 일이다. 땀을 내는 것이 피부질환 환자들에게 좋고 특히 반신욕이 도움이 된다는 어떤 고객의 상담내용을 듣고 나는 다른 환자에게도 똑같이 설명했다. 그런데 그 환자가 "그럼 건식 사우나도 효과가 같아요? 집에 좌욕기가 있는데 그것도 땀이 나니까 좋을까요? 저는 반신욕을 하면 손은 답답해서 빼놓는데, 그래도 효과가 있을까요?"라며 폭풍 질문을 하는 바람에 적잖게 당황했다. 그러나 고객의 입장에서는 궁금할 수밖에 없는 부분이었을 것이다. 그 후로 나 역시도 모든 순간을 환자의 입장에서 생각하고 사소한 질문도 허투루 넘기지 않았던 기억이다.

만일 직원들이 질문사항이 없다고 하면 거꾸로 원장님이 직원들에게 질문해보라. 쉬운 질문인데도 막상 답변을 못하는 경우가 많다. 또한 실제로 환자한테 하듯이 말하는 대화 형식으로 한다면 직원들의 어투나 어휘를 확인할 수 있는 기회가 되기도 한다. 이때는 원장님이 중요하다고 생각하는 부분이 질문에 포함되므로 이 부분들을 정리해두면 새로운 직원이 들어왔을 때에도 좋은 가이드가 될 수 있다.

매뉴얼은 대상별로 분류한다

매뉴얼은 텍스트와 사진으로 정리해도 좋지만 영상으로 제작된 행동지침이 있다면 20~30대 직원들에게는 훨씬 이해가 쉽고 빠를 것이다.

한편 누가 사용할 매뉴얼인지도 분류해서 만들어야 한다. 예를 들어 직원들이 사용할 매뉴얼은 초진 환자와 재진 환자에 대한 응대 방법이 왜 달라야 하는지, 환자에게 왜 개인정보동의서와 문진표를 작성하게 해야 하는지 등 설명이 필요한 부분에는 그 이유까지도 함께 적혀 있어야 한다. 또 치료실에서는 오른손에 질환이 있는 고객은 어떤 방향으로 진료 침대를 안내하고, 필요한 치료기구들은 어떻게 세팅해야 하는지 등도 약속되어 있어야 한다.

반대로 병원 고객이 보는 매뉴얼은 병원의 안내문이라고 생각하면 되겠다. 요즘 같은 시기에는 병원 입구에 "코로나19 감염증 예방과 안전을 위해 방문객과 직원들의 마스크 착용을 의무화하고 있습니다. 꼭 마스크를 착용하고 내원해주세요"라는 안내문이 부착되어 있어야 고객들이 실수 없이 약속을 지킬 수 있다.

또 예약하지 않은 고객이 대기실에 들어섰을 때 볼 수 있도록 "예약환자 우선 진료로 대기시간이 발생할 수 있습니다. 빠르게 안내 도와드리겠습니다"와 같이 안내문을 만들어놓으면 일일이 직원이 응대하지 않아도 되고, 고객 역시 답답함을 느끼지 않을 수 있는 장점이 있다.

이런 기본적인 사항 외에도 고객들이 우리 병원의 서비스를 어떻게 느낄 것인지 고민하고, 우리 병원이 추구하는 사항들이 지켜질 수 있도록 매뉴얼을 만들어 실천하는 노력이 필요하다.

매뉴얼의 포인트

네트워크 한의원에서 일했던 나는 매뉴얼의 중요성을 더욱 많이 느낀다. 매뉴얼에는 해당 병원의 브랜드와 가치관이 담겨 있어야 하며, 그 병원을 사랑하고 찾아주는 많은 고객들이 어느 지점을 방문하든 동일한 수준의 서비스를 제공받을 수 있도록 하는 장치이기도 하다. 따라서 저 멀리 있는 전주에 지점이 생겼다고 해도 서울에 사는 고객이 지인에게 자신 있게 소개할 수 있고, 병원의 브랜드를 신뢰할 수 있도록 통일성 있게 준비해야 한다.

병원의 입장에서도 다른 지역으로 이전하거나 확장하게 되더라도 빠르게 자리 잡을 수 있는 시스템이 바로 매뉴얼이다. 물론 처음 만들 때는 시간과 노력이 들지만 한번 만들어 정착되면 그다음부터는 수월하다. 다만 조금씩 변화하는 병원의 상황과 그에 따른 고객들의 변화에 맞도록 개선하는 등 계속 업데이트가 이루어져야 한다.

개원 준비 중 닥친 위기

한의원 개원 준비로 한창 바쁠 때였다. 다행히 인테리어와 물품들의 세팅이 거의 다 되었고, 데스크와 치료실의 실장님 등 직원들에 대한 타 지점 참관 및 교육도 완료되어 다음날이면 바로 정식 진료를 할 수 있도록 준비된 상황이었다. 실제 환자가 오기 전 병원 안에서의 동선을 맞추기 위해 시뮬레이션을 진행하려고 하는데, 실장님이 불안한 기색을 보이며 당황하기 시작했다. 그 실장님은 타 병원에서 경력이 있었지만 한의원은 처음이어서 자신이 없다며 어려워하는 것이었다.

본사 직원들은 조용한 치료실 한쪽에서 그분과 이야기를 나누었다. 새로 오픈한 곳에서 처음 시작하는 일은 환경에도 적응해야 하고 어색할 수 있기에 잘 못할 수 있는 것은 당연하고, 그래서 실제 환자들이 온 것처럼 연습하는 시뮬레이션이 필요하다고 설득하며 차분히 다독였다. 하지만 결국 그 실장님은 연습을 거부한 채로 퇴근했고, 그것이 마지막이 되었다.

남아 있는 직원들은 무척 당황했지만 다행히도 침착하게 동선 연습에 집중해주었다. 실장 역할을 해보지 않았던 다른 직원이 그 실장님의 역할까지 맡아서 하느라 한동안 바쁜 일정에 힘들어하기도 했지만, 막상 그분이 척척 업무를 잘해내는 등 능력을 발휘해서, 팀장 직책을 달고 한동안 그 시스템으로 진료를 했다고 한다.

나는 병원 오픈을 준비하는 직원들에게 보통 3~4일 정도 집중 교육을 시킨다. 병원의 시스템을 미리 경험할 수 있도록 최대한 실제로 오픈했을 때와 비슷한 상황으로 교육을 진행하는데, 그때는 막상 실제 환자를 응대해보지도 못한 채 오픈 전날 그만두는 직원이 생겨 아쉽기도 하고 당황스러웠던 기억이 있다. 하지만 이 사건은 이후 부족했던 부분을 더욱 보강하여 오픈 준비교육 시간을 더 탄탄하게 만드는 기회가 되었다.

개원 전 반드시 필요한 롤플레잉

정말 중요한 대기실의 전화 응대

병원에서는 고객이 움직이는 모든 곳이 병원 이미지에 중요한 영향을 미치는 포인트가 될 수 있다. 직원과 원장님들의 말, 몸짓, 표정, 진료실 밖에서 들리는 소리 등 고객이 신경을 두는 곳은 정말 많다.

막상 직원들이 고객 응대 서비스를 할 동안 원장님이 모르는 부분을 진행하고 있을 수도 있고, 친절한 멘트라고 생각했지만 병원 상황에는 맞지 않는 경우도 있을 수 있기 때문에, 오픈 초기에는 직원들과 손발을 맞춰보는 시간이 꼭 필요하다.

MOT는 병원에서 고객에게 꼭 지켜야 할 약속과 규칙들을 정리해둔 것으로, 직원들과 함께하는 롤플레잉에서부터 시작하여 정리해나가면 된다.

그중에서도 대기실 직원들에게 중요한 업무는 전화 응대이다. 직원들의 전화 응대와 동선 등에 대한 시뮬레이션은 반드시 필요하다. 전화 응대는 보통 데스크 직원들이 하게 되지만, 대부분의 원장님들은 모든 직원이 전화 응대를 잘할 수 있도록 교육하길 원한다. 하지만 실제로 전화를 자주 받아보지 못했던 직원들은 아무래도 전화 응대를 어려워하는 경우가 있다.

나 역시도 병원에 근무하던 초기에 아주 어려운 고객을 만나서 (이미 컴플레인을 했던 고객인데 내가 앞뒤 상황을 모른 채 다른 이야기를 전달했다) 불편하게 통화를 해야 했고, 당황스러움에 통화 후 긴장이 풀리자 울음이 터졌던 적이 있었다. 그렇게 초반에 센 경험을 하고 나니, 이후에는 웬만한 고객과의 통화가 쉬워져서 이제는 웃을 수 있는 에피소드가 되었다.

한 통의 전화가 얼마나 수많은 홍보와 마케팅을 통해 걸려온 것인지, 병원의 매출에 얼마나 중요한지 아는 직원은 그만큼 전화 응대에 대한 부담감도 클 수밖에 없다. 처음부터 전화 응대를 잘하는 직원은 없다. 계속 상황을 만들어가며 연습해야 한다.

전화 응대, 이렇게 하면 쉽다

내가 오픈 준비교육을 할 때 많은 시간을 들이던 부분도 전화 응대 교육이다. 기본적인 멘트 연습은 기본이고, 어느 정도 연습이 되었다면 직원들끼리 서로 롤플레잉을 할 때 기분 나쁜 내용이나 말투로도 연습을 하도록 시킨다. 그래야 실전에서 덜 당황하기 때문이다. 상대방의 기분 나쁜 말투와 흥분된 어조를 들으면, 직원들도 좋은 감정이 실릴 수 없는 것이 당연하기에, 그런 상황에서도 차분하게 대응할 수 있도록 계속 연습을 시킨다.

한편으로는 아무리 친절하고 착한 직원이라도 전화상으로 들으면 목소리 톤이 생각보다 가라앉아서 의도치 않게 무뚝뚝하게 들리는 경우도 있다. 따라서 녹음을 해서 연습하거나 다양한 상대와 함께 롤플레잉하며 반복하는 것이 좋다.

특히나 전화 응대 경험이 적은 신입 직원들에게는 먼저 고객의 말을 반복하도록 연습시킨다. 자신감이 없거나 집중하려고 하면 목소리가 작아지고 긴장하여 어느 순간 고객이 무슨 말을 했는지 잊어버리는 경우도 종종 있기 때문이다. 이럴 때 밖으로 고객이 한 말을 다시 소리 내어 말하면 자신이 대답할 내용을 생각할 여유도 생기고, 경험이 많은 실장님이나 다른 직원이 옆에서 도와줄 수도 있기 때문이다.

처음 전화를 걸어온 고객에 대한 기본적인 전화 응대 방법을 정리해보자.

- 준비물: 책상에 메모지, 볼펜, 대화체로 된 통화 대본을 준비해 두고, 컴퓨터 화면에는 병원 홈페이지와 검색 창을 열어둔다.

- 먼저 고객이 전화를 걸어온 목적에 대해 파악하고, 이야기를 주도하여 고객정보에 대해 상세하게 알 수 있도록 한다. 고객의 질문에 잘 모르는 부분이 있다면 인터넷으로 검색을 해본다.
- 전화 통화 대본에는 환자들이 자주 하는 질문을 정리해둔다.
  - 치료 과목: 어떤 진료가 가능한지, 어떤 분들이 많이 찾는 병원인지 어필할 수 있는 내용이 필요하다.
  - 치료 방법: 치료 방법은 어떤 것이 있는지 누구나 알 수 있는 쉬운 용어로 설명한다. 구체적인 것은 내원 후 의사의 정확한 진단이 있은 뒤에 처방될 것이라고 알린다.
  - 치료 기간: 치료 과목에 따른 치료 기간은 얼마나 걸리는지, 첫 내원 시 병원에 와서 소요되는 예상 시간은 어느 정도인지 말해준다.
  - 치료비용: 기본적인 치료비용을 이야기하고, 의료진의 진단에 따라 추가 금액은 어느 정도 발생할지 고객이 예상할 수 있도록 대략적으로라도 알려준다.
  - 치료 과정: 치료를 받아본 경험이 있는지 파악 후, 치료 과정 설명의 범위를 정한다. 치료 과정 중 고객이 어려워하거나 걱정하는 점을 공감해준다.
  - 방문 예약: 최대한 빠르게 내원 예약을 할 수 있도록 한다. 오전, 오후, 야간진료, 평일, 주말 중 고객이 원하는 일정을 확인하는 동시에 병원의 예약 스케줄을 살펴, 고객에게 날짜와 시간을 두 가지 정도로 압축하여 제시해준다.

- 길 안내: 어떤 방법으로 내원하는지(도보, 대중교통, 자차) 확인 후 자세한 안내는 문자로 보내줄 수 있도록 설명한다. 특히 운전 경력이 없는 직원들은 고객이 운전하면서 길 안내를 요구하면 어려워하는 경우가 있다. 미리 길 안내와 약도 등을 책상 위에 붙여두고, 병원 주변의 랜드마크도 파악하여 안내하도록 한다.

• 어려운 질문을 받거나 대답이 곤란한 경우에는 주위 직원에게 도움을 받을 수 있도록 전화 내용을 소리내어 알리자. 그 소리를 듣고경력자가 답변을 도와줄 수도 있기 때문이다.

병원 동선은 간단하게, 상황 설명은 자세하게

치료실에서는 동선 관리가 중요하다. 환자들은 최소한의 움직임으로 치료실에서 편안한 치료를 받길 원한다. 손목, 발목, 허리 등이 불편한 환자들은 좁은 치료실에서 방향을 바꾸는 것도 쉽지 않다. 처음부터 직원들이 어느 부위를 치료받아야 하는지 미리 파악하고 원장님의 치료 동선에 방해가 되지 않는 쪽을 고려하여 환자를 안내한다.

또 병원에서 치료를 받을 때는 불안감과 두려움을 가질 수 있으므로, 미리 예측 가능한 상황과 안심할 수 있는 멘트를 함께 해주면 좋다. 치료 전에 환자에게 이후에 이루어질 상황을 예측할 수 있도록 "조금 차갑습니다", "물입니다. 긴장하지 마세요"와 같은 설명으로 환자가 마음의 준비를 할 수 있도록 해주는 것이다. 예를 들어 처음 침을 맞는 환자에게 미리 “침을 맞고 나면 약간은 뻐근할 수 있고, 혈자리 주위에 미세혈관들 때문에 조금 피가 나거나 멍이 드는 경우도 있습니다. 크게 걱정하지 않으셔도 되고, 30분 정도 뒤에는 가라앉을 거예요. 그래도 불편감이 있으시다면 그때는 온찜질을 살짝 해주거나, 병원으로 연락해주세요” 하고 미리 이야기하면 환자가 당황하지 않을 수 있다. 이런 설명 없이 놀란 환자가 “멍이 들었는데 괜찮나요?”라고 물어온다면 이미 환자는 불안감에 시달린 뒤이고 병원의 사후 안내조차 변명처럼 들리기 쉽다.

감동 접점을 찾아 연습하자

내가 가는 왁싱숍은 친절한 서비스와 프라이빗한 관리가 특징이다. 목욕탕이나 왁싱숍에서는 내 몸을 터치해주는 분들의 시선에 부끄러울 수 있는데, 그분의 노하우나 손길에는 전혀 부끄러워지지 않고 오히려 팁을 드리고 나올 정도이다. 예를 들어 팔 왁싱을 한다고 하면, 이곳의 관리사 분은 꼼꼼하게도 관리해주는 것은 물론 눕는 자세에 따라 노출되는 부위를 빠르게 수건으로 가려준다. 왁싱이 끝난 뒤에도 여자들의 관심사인 팔뚝 살이 찌는 이유를 설명해주면서 림프선과 뭉쳐 있는 곳들을 풀어주고, 왁싱으로 붉어진 피부에 좋은 제품도 더 발라주곤 한다.

이처럼 고객을 감동시켜주는 분들의 특징과 노하우를 분석해보면 매 순간 감동의 접점이 꼭 있다는 것을 발견할 수 있다. 병원에는 MOT와 매뉴얼이 존재하지만 감동의 접점은 기록되지 못하는 경우가 많다. 센스도 필요하지만, 연습을 통해 발전시킬 수 있는 부분이기도 하다. 좋은 마음과 행동을 직원들 사이에 서로 공유하고, 감동을 주는 접점으로 고객의 감동을 이끌어내자.

부록

| 부록 |

개원의 인터뷰

한의원 개원을 함께 도우며 원장님들과 이야기를 나눌 기회가 많았다. 한의사라는 꿈을 이루기까지의 스토리를 듣는 것도 흥미롭고, 긴 시간 동안 치료에 매진하고 환자들의 치료에 성공한 이야기를 들을 때면 존경스러울 때가 많았다.

그 이야기 속에서 직업에 대한 자긍심과 환자들에 대한 열정, 진정 어린 치료 이야기를 들을 때는 나도 그 원장님들께 치료받고 싶은 생각마저 들었고, 그런 마음으로 병원의 홈페이지와 마케팅을 기획하면서도 최선을 다해 최고의 마케팅 전략을 세우려고 노력했다. 그중 가장 기억에 남았던 한의학 박사 신덕일 한의사와의 인터뷰를 공개한다.

Q: 원장님, 한의사가 되신 계기가 있나요?

A: 저는 어렸을 적부터 할아버지와 함께 지내왔는데, 할아버지는 젊으셨을 때 문제가 생긴 눈의 치료 시기를 놓쳐서 실명 상태가 되셨습니다. 그래서 할아버지처럼 아픈 사람들을 위해 제때 잘 치료를 해주는 의사가 되어야겠다고 생각했고, 성장하면서 제 성향에 잘 맞는 한의사가 되자고 생각했습니다.

Q: 처음으로 한의원을 개원했을 때의 에피소드가 있나요?

A: ○○시장 근처에 처음 한의원을 개원해서 시작했는데, 그때는 마케

팅이나 컨설팅에 대해 무지해서 그저 찾아오시는 환자 한 분 한 분을 기다리며 치료했습니다. 나이가 많으신 분들이 주로 근골격계 질환 때문에 오시곤 했지요. 그런데 환자들을 치료하다 보니 이상한 점들이 많았습니다. 책에서 배운 대로 치료하면 다 나아야 하는데, 막상 해보니 치료가 잘 되지 않았습니다. 특히 노인들의 만성 통증과 질환 위주로 진료하다 보니 고민이 많았습니다.

이후에 난치성 피부질환을 치료하는 네트워크 한의원에 들어와서 어느 남자 환자를 치료하게 되었는데, 이분은 결혼 3개월을 앞두고 얼굴에 아토피가 심해서 결혼식을 연기해야 하나 말아야 하나 고민이 많으셨습니다. 환자가 결혼이라는 중대한 행사를 앞둔 만큼 저 역시 짧은 시간에 많이 좋아질 수 있을지 걱정이 되고, 책임감도 무거웠지요. 다행히도 주 2~3회씩 환자분과 만나며 치료에 집중한 결과, 결혼식을 앞두고 얼굴 아토피가 많이 좋아져 결혼식을 무사히 마치셨습니다. 이후 감사하다며 부부가 함께 한의원을 다시 찾아주신 경우가 기억에 남습니다.

Q: 개원을 하면서 중요한 부분은 무엇이 있을까요?

A: 나 자신에 대해 전체적으로 객관화하는 작업이 가장 중요한 것 같습니다. 먼저 나의 성향이 진취적인지 내성적인지를 판단하고, 어떠한 환자군에 대해 내가 자신 있어 하는지, 내가 좋아하고 즐거워하고 흥미로운 일

은 무엇인지, 실제로 내 실력은 어느 정도인지, 평소에 어려움이나 곤란을 겪었을 때 헤쳐나가는 방법을 갖고 있는지 등에 대해서 객관적으로 판단할 수 있어야 합니다. 그 뒤에 거기에 근거해서 어떤 진료를 할지 고민하고, 그에 맞추어서 개원할 자리를 선정하고, 어울리는 마케팅이나 방법을 찾아보는 등 컨설팅을 받는 게 중요하다고 생각합니다.

예를 들어 평소 성격이 조용하고 소심하고 내성적이라면 그에 맞추어서 동네 환자들 위주로 작게 한의원을 시작하는 게 부담이 없습니다. 만약 내성적이고 고민이 많은 성향인데 월세 부담이 높은 역세권에 개원하면 엄청난 스트레스를 받으면서 고생할 겁니다. 한의원이 잘되어도 그러한 스트레스로 스스로 건강을 해치거나 삶의 질이 떨어지게 되어 한의원을 오랫동안 경영하는 것이 어려워지기도 합니다.

저는 그동안 개원을 6번 정도 해봐서 이제는 특별한 일이 아니면 스트레스를 받지 않고, 어려움이 닥쳐도 그 어려움에 실망하지 않고 좋은 기회라고 생각하며 돌파하려고 합니다.

개원을 앞둔 분들에게는 자신에 대한 탐구를 꾸준히 하고, 성향에 맞추어 개원하라고 말해주고 싶습니다.

Q: 원장님이 중점으로 진료하는 진료과목은 어떤 게 있나요?

A: 현재는 피부, 다이어트, 여성질환, 교통사고 후유증을 주요 진료과

목으로 하고 있습니다.

Q: 마지막으로 원장님께 진료를 받으려는 분들께 꼭 하고 싶은 이야기가 있을까요?

A: 병인이라고 해서, 병에는 항상 원인이 있습니다. 그 원인에 따라서 치료를 해야 병을 고칠 수 있습니다. 그리고 오래된 병은 치료기간도 오래 걸릴 수밖에 없는데, 환자분들이 이 부분을 아셨으면 좋겠습니다.

병은 빨리 나으면 좋지만, 모든 병이 빨리 낫는다고 좋은 것은 아닙니다. 병의 원인이 되는 독소나 염증들이 충분하게 빠져나와야 완치가 되므로 그만큼 시간이 필요합니다. 하지만 그러한 시간을 기다리는 것에 대해 힘겨워하는 환자분들이 많습니다. 급성병이 아닌 만성병일수록 그만큼의 시간과 비용이 들 수밖에 없습니다. 하지만 충분히 치료 시간을 갖고 치료해야 재발하지 않고 완치될 수 있습니다. 빨리 낫는 게 중요한 것이 아니라 충분하게 치료받고 완치하는 방법을 선택하기를 바랍니다.

만성 질환으로 고통받던 분들도 충분한 치료를 받으면 완치될 수 있으므로, 걱정하지 말고 하루 빨리 치료를 통해 건강하고 질 높은 삶의 균형을 찾으시길 바랍니다. 감사합니다.

북큐레이션 • 경영&마케팅을 성공적으로 해내고 싶은 이들을 위한 책

《잘되는 병원은 마케팅부터 다릅니다》와 함께 읽으면 좋은 책.
매출 상승을 원하는 당신에게 최고의 전략 비법이 전해지길 바랍니다.

어떻게 광고해야 팔리나요

김종섭 지음 | 16,000원

불황의 시대에 소비자의 마음을
확실하게 붙잡는 남다른 광고의 법칙

소비자들이 똑똑해졌다. 매일 마주하는 광고에 질려 빠르게 'Skip' 버튼을 누른다. SNS에 올라온 글 한두 줄만 읽어도 광고인지 아닌지 알아본다. 이제 일반적인 광고는 더 이상 통하지 않는다. 그럼에도 보는 사람들의 머릿속에 남아 사게 만드는 광고는 여전히 존재한다. 어떻게 광고하기에 사람들의 구매 욕구를 일으킬까? 신선한 발상으로 다양한 광고들을 만든 저자는 어떤 아이디어가 소비자의 마음을 움직이는지 다양한 사례를 들어 설명한다. 어려운 불황의 시기를 극복하고 싶다면 이 책에서 소개하는 '상품을 팔아주는 광고'를 시작해보자!

왜 그 병원에만 환자가 몰릴까?

이재우 지음 | 13,800원

신환 유입이 끊이지 않는 병원이 되는 비밀
그 병원만의 스토리를 만드는 게 핵심이다!

길거리에서 전단을 돌리며 병원 광고에 힘썼는데 왜 환자는 오지 않을까? 한 개원 치과의 경우 내원 환자의 70%가 인터넷을 통해 유입된다고 한다. 유독 잘되는 병원이 있는가 하면 개원한 지 얼마 안 된 것 같은데 폐업하는 병원도 있다. 신환 유입이 끊이지 않는 병원이 되는 비결은 무엇일까? 이 책의 저자는 '그 병원만의 스토리'에서 해답을 찾는다. 이 책은 개원을 앞둔 병원장, 개원 병원의 마케팅에 고심하는 이들에게 '우리 병원만의 브랜딩을 구축하는 방법'을 구상하는 데 있어 실마리가 될 것이다.